# LA DANSE

## ANCIENNE

### ET

### MODERNE

### OU

## TRAITE' HISTORIQUE

### DE

# LA DANSE.

*Par M. de Cahusac, de l'Acadé-
mie Royale des Sciences & Belles-
Lettres de Prusse.*

### TOME TROISIEME.

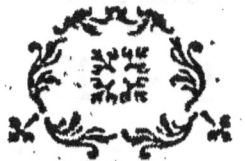

## A LA HAYE;

### Chez JEAN NEAULME.

### M. DCC. LIV.

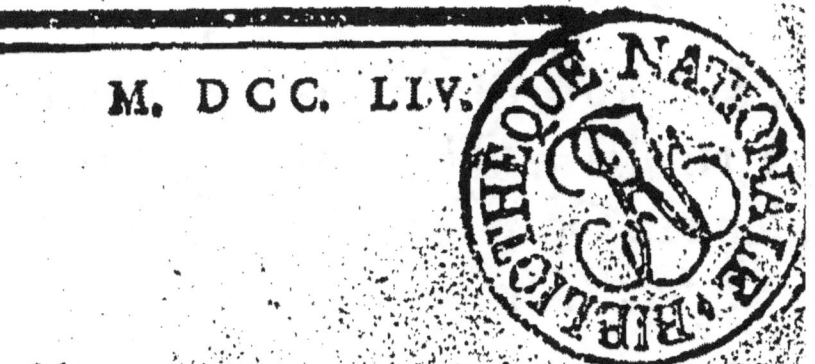

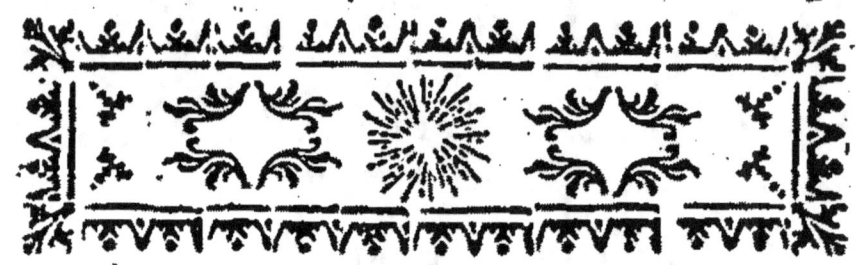

# TRAITÉ
## *HISTORIQUE*
# DE LA DANSE.

*****************

### *LIVRE TROISIEME.*

## CHAPITRE I.

*Des Fêtes dont la Danse a été le fond à la Cour de France, depuis l'année 1610. jusqu'en l'année 1643.*

ON pourroit comparer l'espece particuliere d'hommes qui peuplent la Cour des Rois, aux dif-

férentes parties qui compoſent
ces beaux cabinets de glaces ;
qu'a inventé le luxe moderne.
Ces grands trumeaux ſi ſemblables
bles les uns aux autres, que l'Art
a diviſés & qui les réunit, ſont
toujours prêts à recevoir & à rendre
dre l'empreinte de la figure qui
les frappe. Ils en deviennent la
copie, la peignent, la répétent,
la multiplient. Ils ne ſont rien par
eux-mêmes. Ils n'exiſtent que par
elle & pour elle.

Henri IV. joignoit à un bon
eſprit une galanterie cavaliere,
& une gaieté franche. Tels parurent
rent les Courtiſans qui l'entouroient.
roient. La mauvaiſe ſanté de Louis
XIII. le rendoit ſombre. Sa Cour
fut triſte. On fit en vain des efforts
forts pour la ſortir de l'excès de
langueur dans laquelle elle étoit
plongée. Le mal étoit incurable ;

parce que le principe ſubſiſtoit toujours. Il arriva alors ce qui arrive communément quand on cherche à ſe défaire d'un défaut habituel, ſans en attaquer la cauſe. On le déguiſe pour un tems ; ou, ſi l'on s'en débarraſſe, ce n'eſt qu'en lui ſubſtituant un défaut contraire.

Auſſi ne ceſſa-t-on d'être triſte à la Cour de Louis XIII. que pour y deſcendre juſqu'à une ſorte de joie baſſe, pire cent fois que la triſteſſe. Preſque tous les grands Ballets de ce tems qui étoient les ſeuls amuſemens du Roi & des Courtiſans, ne furent que de froides alluſions, des compoſitions triviales, des fonds miſérables. La plaiſanterie la moins noble, & du plus mauvais goût s'empara pour lors ſans contradiction du Palais de nos Rois. On croyoit s'y être bien réjoui , lorfqu'on y avoit exécuté le Ballet de *Maître Galimathias , pour le grand Bal de la Douairiere de Billebahault & de fon Fanfan de Sotteville.* *

On applaudiffoit-au Duc de Nemours qui imaginoit de pareils fujets ; & les Courtifans toujours perfuadés que le lieu qu'ils habitent eft le feul lieu de la Terre où le bon goût réfide, regardoient en pitié toutes les Nations , qui ne partageoient point avec eux des divertiffemens auffi délicats.

La Reine avoit propofé au Cardinal de Savoie , qui étoit pour lors chargé en France des négociations de fa Cour , de donner au Roi une Fête de ce genre. La nouvelle s'en répandit , & les

* Repréfenté & danfé par le Roi Louis XIII. en 1626. *Mém. de Maroles. liv.* 1. *pag.* 20.

Courtisans en rirent. *Ils trou-*
*voient du dernier ridicule qu'on*
*s'adreſſât à de plats Montagnards,*
*pour divertir une Cour auſſi polie*
*que l'étoit la Cour de France.*

On dit au Cardinal de Savoie
les propos courans. Il étoit magnifique , & il avoit auprès de lui
le Comte Philippe d'Aglié , dont
j'ai déja parlé. Il accepta avec reſ-
pect la propoſition de la Reine ,
& il donna à Monceaux un grand
Ballet , ſous le titre de *gli habita-*
*tori di monti**,ou les Montagnards.

Le Théâtre repréſentoit cinq
grandes montagnes. On figuroit
par cette décoration les monts
venteux , les montagnes réſonan-
tes où habitent les Echos , les
monts ardens , les monts lumi-
neux , & les montagnes ombra-
geuſes.

*Il fut danſé le 21 Août 1631.

A iij

Le milieu du Théâtre représentoit le champ de la Gloire,
dont tous les Habitans de ces cinq
montagnes prétendoient s'empa-
rer.

La Renommée ridicule, celle
qui fait les nouvelles de la ca-
naille, vêtue en vieille montée
sur un âne & portant une trompette de bois *, fit l'ouverture du
Ballet par un récit qui en exposa
le sujet.

Alors une des montagnes s'ouvrit, & un tourbillon de vents en
sortit avec impétuosité. Les Quadrilles qui formoient cette entrée étoient vêtues de couleur de
chair ; tous ceux qui les composoient portoient des moulins à
vent sur la tête, & à la main des

---

* Par allusion à l'ancien Proverbe,
qui dit : *A gens de Village, trompette de
bois.*

soufflets, qui, agités, rendoient le fislement des vents.

La Nymphe Echo qui fit le récit de la seconde Entrée amena les Habitans des montagnes réfonantes. Ils portoient un tambour à la main, une cloche pour ornement de tête, & leurs habits étoient couvers de grelots de différens tons, qui formoient ensemble une harmonie gaie & bruyante. Elle s'ajustoit à la mesure des airs de l'Orchestre, en suivant les mouvement cadancés de la Danse.

Les Habitans des montagnes lumineuses firent la troisieme Entrée. Ils étoient vêtus de lanternes de diverses couleurs & conduits par le mensonge. Ce personnage étoit caractérisé *par une jambe de bois* qui le faisoit clocher en marchant, *par un habit composé* de

A iv

plusieurs masques, & *par une lanterne sourde* * qu'il portoit à la main.

La quatrieme Entrée étoit composée du Sommeil qui conduisoit les Habitans des montagnes ombrageuses. Les Songes agréables, les funestes, & les plaisans le suivoient, & ils danserent des pas ingénieux de ces divers caracteres.

Dans ce moment, le son des trompettes & des timballes se fit entendre, & une femme modestement parée descendit des Alpes. Elle représentoit la véritable Renommée. Neuf Cavaliers richement vêtus à la Françoise marchoient sur ses pas. Ils chasserent du Théâtre les Quadrilles précé-

___

* La jambe de bois & la lanterne sourde attribuées au mensonge, sont deux idées bien neuves & bien comiques.

dentes qui s'en étoient emparées,
& la Renommée leur laiſſa libre,
après ſon récit, le champ de la
Gloire.

Des vers Italiens qu'elle fit pleu-
voir en s'envolant, ſur l'Aſſem-
blée, apprenoient que c'étoit à la
fortune & à la valeur du Roi de
France que la gloire véritable
étoit dûe, & que ſes ennemis
n'en avoient que l'apparence.

Le grand Ballet qui fut danſé
par la Troupe leſte qui avoit ſuivi
la Renommée, exprimoit cette
vérité par un pas de joie noble &
vive qui termina ce grand ſpectacle.

C'eſt par cette galanterie ingénieuſe que le Cardinal de Savoie ſe vengea de la fauſſe opinion que les Courtiſans de Louis
XIII. avoient pris d'une Nation
ſpirituelle & polie, qui excelloit

A v

depuis long-tems dans un genre, que les François avoient gâté.

Le Cardinal de Richelieu portoit dans tout ce qu'il faifoit l'amour du grand. Il le cherchoit dans les Arts, & il l'y auroit trouvé peut-être, s'il n'avoit pas été entouré de talens médiocres, qu'il crut fupérieurs, parce qu'ils lui difoient fans ceffe qu'il l'étoit lui-même. La baffe plaifanterie, les danfes ridicules, les pas d'un comique groffier qui occupoient les Courtifans dans les Fêtes d'éclat, devoient néceffairement lui déplaire ; mais c'étoit moins par goût pour le bon, que par antipathie pour le bas. Il lui auroit été impoffible de prendre le ton à la mode ; mais il ne lui étoit pas aifé d'en donner un meilleur. Il n'aimoit point Corneille, & il eftimoit Defmarets : c'eft-à-dire,

qu'avec les parties précieuses d'un
génie supérieur pour le Gouvernement qu'il possédoit à un degré
éminent , il lui auroit fallu encore , pour pouvoir rendre les Arts
florissans , cette finesse de discernement , ce sentiment délicat du
vrai , qui peuvent seuls apprécier
avec une justesse prompte & sûre
les talens des Artistes.

L'esprit de ce grand homme se
refusoit au bas , & dans le même
tems il se perdoit dans le Phébus.
Le goût l'auroit arrêté dans le milieu de ces deux extrémités également vicieuses. On démêle quel
étoit son penchant naturel pour
le grand , & son peu de justesse
dans les choses de pur agrément
par le Ballet qu'il donna au Roi
dans le Palais Cardinal le 7 Février 1641 : il eut pour titre *la
Prospérité des Armes de la France.*

On en publia le sujet avec cet avertissement ampoulé. « Après
» avoir reçû tant de victoires du
» Ciel, ce n'est pas assez de l'a-
» voir remercié dans les Tem-
» ples ; il faut encore que le res-
» sentiment de nos cœurs éclate
» par des réjouissances publiques.
» C'est ainsi que l'on célebre les
» grandes Fêtes. Une partie du
» jour s'emploie à louer Dieu, &
» l'autre aux passe-tems honnê-
» tes. Cet hyver doit être une
» longue Fête après de longs tra-
» vaux.

  » Non - seulement le Roi &
» son grand Ministre qui ont tant
» veillé & travaillé pour l'agran-
» dissement de l'Etat, & tous ces
» vaillans Guerriers qui ont si va-
» leureusement exécuté ses nobles
» desseins doivent prendre du re-
» pos & des divertissemens ; mais

» encore tout le Peuple doit ſe
» réjouir, qui, après ſes inquié-
» tudes dans l'attente des grands
» ſuccès, reſſent un plaiſir auſſi
» grand des avantages de ſon
» Prince, que ceux même qui
» ont le plus contribué pour ſon
» ſervice & pour ſa gloire ».

L'Harmonie fit le récit du premier Acte, & l'Enfer s'ouvrit.
L'Orgueil, l'Artifice, le Meur-
tre, le Déſir de régner, la Ty-
rannie & le Déſordre formerent
la premiere Entrée, & Pluton
ſuivi de quatre Démons fit la ſeconde. La troiſieme fut compoſée
de Proſerpine & des trois Par-
ques. On vit paroître alors les Furies armées de leurs ſerpens, dans
le même tems qu'un Aigle deſ-
cendoit des Nues, & que deux
énormes Lions ſortoient d'une
horrible caverne.

Les Furies approchent , touchent l'Aigle & les Lions , leur inspirent les fureurs dont elles sont animées ; l'Enfer se referme & la Terre reparoît.

Mars & Bellone , la Renommée & la Victoire danserent la cinquieme & la sixieme Entrée. L'Hercule François qui parut dans ce moment au milieu de ces quatre personnages dansa la septieme. Il fit disparoître l'Aigle en le touchant d'une fléche , & il abbattit les Lions de deux coups de massue. Le Ballet devint alors général , & ce pas termina le premier Acte.

Le Théâtre au second représentoit les Alpes couvertes de neiges, & l'Italie sur une de ces montagnes fit le récit. Après qu'elle se fut retirée, les Alpes s'ouvrirent. On vit dans l'éloignement la ville de Cazal, les retranchemens des Espagnols, & le camp des François.

Quatre Fleuves d'Italie qui appelloient ces derniers danserent la premiere Entrée. Quatre François qui couroient à leur secours firent la seconde. Quatre Espagnols, après avoir dansé la troisieme, se retirent dans leurs retranchemens, où les François les attaquent & les forcent. La Fortune les suit, portant les Armes de la France, & fait la quatrieme Entrée.

Aussi-tôt, & sans autre à propos, le Théâtre change & représente Arras. On voit les Flamands avec des pots de bierre, qui viennent recevoir les François, & ceux-ci entrent dans la Ville, malgré les efforts des Espagnols. Alors Pallas, Déesse de la Prudence, paroît avec sa suite ordinaire. Elle vient retirer quelques François du parti d'Espagne, & son Entrée finit le second Acte.

Le Théâtre représente la mer environnée de rochers, & le récit de trois Sirenes commence le troisieme Acte. Il est composé de plusieurs Entrées de Néréides & de Tritons, après lesquelles l'Amérique paroît suivie de ses Peuples. Elle présente ses trésors à l'Espagne portée sur de riches Gallions qui couvrent la mer. Dans ce moment les Gallions François se montrent. Ils voguent à pleines voiles contre ceux d'Espagne, les attaquent, les combattent & les brulent. Le Général François victorieux débarque avec ses Troupes & les Maures qu'il a fait esclaves ; & le troisieme Acte finit par cette Entrée de Triomphe.

Le Ciel s'ouvre au commencement de l'Acte quatrieme. Vénus, l'Amour & les Graces qui en descendent font le récit. Mercure, Apollon, Bachus & Momus accompagnés de leur cortége ordinaire dansent les premieres Entrées. L'Aigle, alors, & les Lions du premier Acte reparoissent. Hercule sort du fond du Théâtre pour les combattre; mais Jupiter descend des Cieux. Il touche l'Aigle & les Lions, pour leur ôter la fureur que les Euménides leur avoit inspirée; il remet la massue sur l'épaule d'Hercule, comme pour le prier de se contenter de ses exploits, & il danse ensuite la derniere Entrée avec toutes les Divinités du Ciel qui l'accompagnoient.

La Terre ornée de fleurs & de verdure formoit la décoration du cinquieme Acte. La Concorde sur une machine élégante & riche, entourée de fleurs & de fruits parut dans les airs, & fit le récit.

L'Abondance, les Jeux, les Plaisirs, la Bonne-chere composoient la premiere Entrée. Les Réjouissances populaires firent la seconde par des Danses ridicules & des sauts périlleux. Cardelin, baladin fameux, y dansa sur la corde que des nuages cachoient aux yeux des Spectateurs. Son Entrée fut suivie de celles qu'exécuterent les adresses différentes du corps personnifiées, qui firent leurs exercices sur des rhinocerots.

Plusieurs Admirateurs des conquêtes du Roi danserent la derniere Entrée avec la Gloire qui s'envola, & se perdit dans les airs. C'est par ce vol que fut terminé ce bizarre Spectacle.

» Quand je considere ( dit un
» Auteur * qui avoit approfondi
» cette matiere ) que le sujet de
» ce Ballet est la *prospérité des Ar-*
» *mes de la France* , je cherche ce
» sujet dans les Entrées des Tri-
» tons, des Néréides, des Muses,
» d'Apollon, de Mercure, de Ju-
» piter, de Cardelin, des Rhi-
» nocerots , &c. »

Cette composition rassemble en
effet tout le désordre d'une imagination aussi grande que déré-
glée, des idées nobles noyées dans
un fatras d'objets puériles & sans
rapport, un désir excessif d'atti-
rer l'admiration, des recherches
déplacées, de l'érudition sans graces, de la Poësie inutile , beaucoup de magnificence perdue , &
pas la moindre étincelle de goût.

* Le Pere Ménétrier , Jésuite. Préf. de
son Traité des Ballets.

On fit servir à ce spectacle les débris des décorations, des habits, des machines qu'on avoit employé l'année précédente à la représentation de la Tragédie de Mirame * ; ouvrage si peu fait pour réussir, que tout le pouvoir

---

* Nous devons à la protection singuliere que le Cardinal de Richelieu accordoit à ce mauvais ouvrage, ou à l'intérêt plus particulier qu'il prenoit à son succès notre premiere Salle de Spectacle un peu réguliere. C'est celle où on représente aujourd'hui l'Opéra. Elle est sans doute très-inférieure à ce qu'elle devroit être ; mais dans ce tems elle dut paroître fort magnifique. On ne s'étoit servi jusqu'alors que de jeux de paulme.

Après la premiere représentation de Mirame, le Cardinal s'étoit retiré à Ruel. Desmarets & Petit coururent l'y joindre. Il leur dit en les voyant entrer : *Eh bien, les François n'auront jamais du goût pour les belles choses. Ils n'ont point été charmés de Mirame.* Cette Piece fut représentée pour la premiere fois le 14. Mars 1639. La dépense qu'elle coûta passoit neuf cens mille livres.

du premier Miniſtre ne fut pas
aſſez fort pour l'empêcher de tom-
ber ; mais qui , à le conſidérer
philoſophiquement , fut cependant le premier fondement de
notre Théâtre.

Les ſoins du Miniſtere , ſes dépenſes , la conſtruction d'une Salle
nouvelle dans Paris firent com-
prendre à la Cour & à la Ville que
les Spectacles publics , vûs juſqu'alors avec aſſez d'indifféren-
ce , méritoient ſans doute quelque conſidération ; puiſqu'ils occupoient la prévoyance , les ſoins,
les ſollicitudes d'un Miniſtre ,
que , malgré toute leur haine ,
ils étoient forcés d'admirer.

C'eſt faire beaucoup en France
pour un Art , que de lui donner
aux yeux de la multitude un air
d'importance , & telle eſt la ſu-
périorité des hommes vraiment

grands, que leurs défauts même ont presque toujours des côtés utiles.

---

# CHAPITRE II.

## Des Fêtes du même genre dans les autres Cours de l'Europe.

L'ITALIE étoit déja florissante : les Cours de Savoie & de Florence avoient montré dans mille occasions leur magnificence & leur galanterie : Naples & Venise jouissoient des Théâtres publics de Musique & de Danse : l'Espagne étoit en possession de la Comédie : la Tragédie, que Pierre Corneille n'avoit trouvée en France qu'à son berceau, s'élevoit rapidement dans ses mains jusqu'au sublime ; notre Cour ce-

pendant, au milieu de ſes triomphes & ſous le miniſtere d'un
homme vraiment grand, dont
une œconomie bourgeoiſe ne
borna jamais les dépenſes, de-
meuroit plongée dans la barbarie
du mauvais goût. Avec le quart
des frais immenſes qu'on y em-
ploya pendant le Regne de Louis
XIII. pour une multitude preſque innombrable de Spectacles
dont elle ne fut pas plus égayée,
& qui ne jetterent aucune ſorte
de luſtre ſur la Nation, on auroit
pû la rendre l'admiration de l'Europe. Il ne falloit que s'y ſervir
des hommes, que le génie & l'art
mettoient en état d'imaginer &
de conduire ces Fêtes continuel-
les, qu'on avoit véritablement
envie de rendre éclatantes.

La France ſera toujours un ter-
roir fertile en talens, lorſqu'on

fçaura , je ne dis pas les cultiver ; il fuffit de ne pas les y étouf-
fer dès leur naiffance. L'honneur ,
qu'on me paffe le terme , y eft
l'idole de la nation ; & c'eft l'honneur qui fut toujours l'efprit vivi-
fiant des talens en tout genre.

Entre plufieurs perfonnages médiocres qui entouroient le Cardinal de Richelieu , il s'étoit pris
de quelque amitié pour Durand ,
homme maintenant tout-à-fait
inconnu , & que je n'arrache aujourd'hui à fon obfcurité , que
pour faire connoître combien les
préférences ou les dédains des
gens en place , qui donnent toujours le ton de leur tems , influent
peu cependant fur l'avenir des
Artiftes.

Ce Durand , Courtifan fans talens d'un très-grand Miniftre fans
goût , avoit imaginé & conduit
le

le plus grand nombre des Fêtes de la Cour de Louis XIII. Les François qui avoient du génie trouverent les accès difficiles & la place prise : ils se répandirent dans les Païs Etrangers , & ils y firent éclater l'imagination , la galanterie & le goût qu'on ne leur avoit pas permis de déployer dans le sein de leur Patrie.

La gloire qu'ils y acquirent réjaillit cependant sur elle ; & il est flateur encore pour nous aujourd'hui , que les Fêtes les plus magnifiques & les plus galantes qu'on ait jamais données à la Cour d'Angleterre , ayent été l'ouvrage des François.

Le mariage de Frédéric cinquieme Comte Palatin du Rhin avec la Princesse d'Angleterre en fut l'occasion , & l'objet. Elles commencerent le premier jour

par des feux d'Artifice *en action*
sur la Tamise. Idée noble, ingénieuse & nouvelle, qu'on a trop
négligée, après l'avoir trouvée,
& qu'on auroit dû employer toujours à la place de ces desseins sans
imagination & sans art, qui ne
produisent que quelques étincelles, de la fumée, & du bruit.

Ces Feux furent suivis d'un Fes-
tin superbe, dont tous les Dieux
de la Fable apporterent les servi-
ces, en dansant des Ballets formés de leurs divers caracteres *.
Un Bal éclairé avec beaucoup de
goût, dans des Salles préparées
avec grande magnificence termina cette premiere nuit.

La seconde commença par une
Mascarade aux flambeaux, composée de plusieurs troupes de Mas-

---

* Cette partie étoit imitée de la Fête
de Bergonce de Botta.

ques à cheval. Elles précédoient deux grands chariots éclairés par un nombre immenſe de lumieres, cachées avec art aux yeux du Peuple, & qui portoient toutes ſur pluſieurs groupes de perſonnages, qui y étoient placés en différentes poſitions. Dans des coins dérobés à la vûe par des toiles peintes en nuages, on avoit rangé une foule de Joueurs d'inſtrumens. On jouiſſoit ainſi de l'effet, ſans en appercevoir la cauſe, & l'harmonie alors a les charmes de l'enchantement.

Les perſonnages qu'on voyoit ſur ces chariots étoient ceux qui alloient repréſenter un Ballet devant le Roi, & dont on formoit par cet arrangement un premier ſpectacle pour le Peuple, dont la foule ne ſçauroit, à la vérité, être admiſe dans le Palais; mais qui dans ces occasions doit toujours être compté pour beaucoup plus qu'on ne pense.

Toute cette pompe, après avoir traversé la ville de Londres, arriva en bon ordre, & le Ballet commença. Le sujet étoit ; *Le Temple de l'Honneur, dont la Justice étoit établie solemnellement la Prêtresse.*

Le superbe Conquérant de l'Inde, le Dieu des richesses, l'Ambition, le Caprice chercherent en vain à s'introduire dans ce Temple. L'Honneur n'y laissa pénétrer que l'Amour & la Beauté, pour chanter l'Hymne nuptial des deux nouveaux Epoux.

Rien n'est plus ingénieux que cette composition, qui respiroit par-tout la simplicité & la galanterie.

Deux jours après, trois cens

Gentilshommes repréſentant toutes les Nations du monde & diviſés par troupes, parurent ſur la
Tamiſe dans des batteaux ornés
avec autant de richeſſe que d'art.
Ils étoient précédés & ſuivis d'un
nombre infini d'inſtrumens, qui
jouoient ſans ceſſe des fanfares,
en ſe répondant les uns les autres.
Après s'être montrés ainſi à une
multitude innombrable, ils arri-
verent au Palais du Roi, où ils
danſerent un grand Ballet allégo-
rique.

*La Religion réuniſſant la gran-
de Bretagne au reſte de la Terre* *
étoit le ſujet de ce Spectacle.

Le Théâtre repréſentoit le globe du monde. La vérité, ſous le
nom d'*Alithie*, étoit tranquille-
ment couchée à un des côtés du

* En oppoſition à cet ancien Proverbe : *Et toto diviſos orbe Britannos.*

B iij

Théâtre. Après l'ouverture, les Muses expoſerent le ſujet.

Atlas parut avec elles. Il dit, qu'ayant appris d'Archimede que ſi on trouvoit un point ferme, il ſeroit aiſé d'enlever toute la maſſe du monde, il étoit venu en Angleterre, qui étoit ce point ſi difficile à trouver, & qu'il ſe déchargeoit déſormais du poids qui l'avoit accablé, ſur *Alithie* compagne inſéparable du plus ſage & du plus éclairé des Rois.

Après ce récit, le Vieillard, accompagné des trois Muſes *Uranie, Terpſicore & Clio*, s'approcha du globe, & il s'ouvrit.

L'Europe vêtue en Reine en ſortit la premiere ſuivie de ſes filles, la France, l'Eſpagne, l'Italie, l'Allemagne, & la Gréce. L'Océan & la Méditerranée l'accompagnoient, & ils avoient à

leur suite la Loire, le Guadal-
quivir, le Rhin, le Tibre & l'A-
chélous.

Chacune des filles de l'Europe
avoit trois Pages caractérisés par
les habits de leurs Provinces. La
France menoit avec elle un Bas-
que, un Bas-Breton, un Arrago-
nois & un Catalan ; l'Allemagne,
un Hongrois, un Bohémien &
un Danois ; l'Italie, un Napoli-
tain, un Vénitien & un Berga-
masque ; la Gréce, un Turc, un
Albanois & un Bulgare.

Cette suite nombreuse dansa
un avant-Ballet ; & des Princes de
toutes les Nations qui sortirent
du globe avec un cortége brillant, vinrent danser successivement des Entrées de plusieurs ca-
ractéres, avec les personnages qui
étoient déja sur la Scêne.

Atlas fit ensuite sortir dans le

même ordre les autres parties de la Terre, ce qui forma une division simple & naturelle du Ballet, dont chacun des Actes fut terminé par les hommages que toutes ces Nations rendirent à la jeune Princesse d'Angleterre, & par des présens magnifiques qu'elles lui firent.

Qu'on compare cette Fête remplie d'esprit & de variété avec l'assemblage grossier des parties isolées & sans choix du Ballet *des prospérités des Armes de la France,* & on aura une idée juste des effets divers que peut produire dans les beaux Arts, le discernement ou le mauvais goût des gens en place.

# CHAPITRE III.

*Fêtes de Louis XIV. relatives à la Danse, depuis l'année 1643. jusqu'en l'année 1672.*

LA Minorité de Louis XIV. fut en France l'aurore du goût & des beaux Arts. Soit que l'esprit se fut développé par la continuité des Spectacles publics, qui font toujours l'Ecole la plus instructive de la multitude, soit qu'à force de donner des Fêtes à la Cour, l'imagination s'y fut peu-à-peu échauffée ; soit enfin que le Cardinal Mazarin, malgré les tracasseries qu'il eut à soutenir & à détruire, y eut porté ce sentiment vif des choses aimables qui est si naturel à sa Nation ; il est certain

B v

que les spectacles, les amusemens, les plaisirs pendant son Ministere, n'eurent plus ni la grossiereté, ni l'enflure qui furent le caractere de toutes les Fêtes d'éclat du Régne précédent.

Le Cardinal Mazarin avoit de la gaieté dans l'esprit, du goût pour le plaisir, & dans l'imagination moins de faste, que de galanterie. On trouve les traces de ces trois qualités distinctives dans tous les Bals & les grands Ballets qui furent faits sous ses yeux.

Benserade fut chargé de l'invention, de la conduite, & de l'exécution de presque tous ces amusemens.

Celui de Cassandre exécuté au Palais Cardinal le 26. Février 1651. qui étoit de sa composition, fut le premier dans lequel on vit danser Louis XIV. Il avoit treize ans. Il continua de s'occuper de cet exercice jusqu'en 1669 *. Il l'abandonna alors pour toujours , frappé de ces beaux vers du *Britannicus* de Racine :

Pour toute ambition , pour vertu fin-
    guliere ,
Il excelle à conduire un char dans la
    carriere ,
A difputer des prix indignes de fes
    mains ,
A fe donner lui-même en fpectacle
    aux Romains ,
A venir prodiguer fa voix fur un
    Théâtre , &c.

Je ne m'étendrai point fur les Fêtes trop connues de ce Regne éclatant. On fçait, dans les Royaumes voifins comme en France , qu'il eft l'époque de la grandeur de cet Etat , de la gloire des Arts & de la fplendeur de l'Europe.

* Le Ballet de Flore repréfenté le 13. Février 1669. fut le dernier dans lequel Lous XIV. danfa. Il avoit trente-un ans.

Je me borne à rapporter une circonstance qui est de mon sujet, & qui peut servir à la consolation, à l'encouragement, & à l'instruction des gens de Lettres & des Artistes. J'ai dit que Benserade étoit chargé de la composition des grands Ballets de la Cour. Il avoit de la fertilité, la méchanique du vers facile, des graces, de la finesse, un tour galant dans l'esprit. Peut-être manquoit-il d'élévation ; mais il avoit de la justesse, & s'il avoit eu plus de tems à lui pour les compositions fréquentes qu'on lui demandoit, il y auroit mis sans doute plus de correction.

Ce Poëte devint bientôt célébre dans ce genre ; mais le P..... de P***, homme fort aimable, & fait en tout pour la bonne compagnie, qui en ce tems-là étoit

toujours excellente , balança fa
réputation , & fans le vouloir
peut-être , fut fur le point de la
lui ravir. Le P..... de P***. avoit
réellement de l'efprit , des con-
noiffances , & du goût , autant
qu'il en faut pour fentir les beautés d'une compofition théâtrale ,
pour éclairer un Auteur , pour
décider même de fon dégré de
talent ; mais bien moins que n'en
exige l'invention , la charpente ,
l'affemblage , en un mot , d'un
grand ouvrage. Il s'étoit trouvé à
portée de voir Benferade , d'examiner fes plans , & quelquefois
de faire de petits vers pour les
gens de qualité qui devoient en
remplir les perfonnages.

Il n'en fallut pas davantage
pour lui donner à la Cour une
confidération , qu'il méritoit fans
doute d'ailleurs , & qui auroit

dû être indifférente à Benserade, si elle ne s'étoit pas établie sur les débris de la sienne.

L'Auteur est discuté publiquement & à la rigueur. L'homme du monde qui travaille, dit-on, pour son plaisir, est toujours jugé à huis clos & par des Juges de faveur. On attend tout du premier ; on n'exige presque rien du second. Les ouvrages de l'un sont comme une statue toute nue exposée au sortir des mains de l'Artiste aux regards critiques de la multitude, des connoisseurs & de ses rivaux. Les gentillesses de l'autre ressemblent à ces femmes plus adroites que belles qui ne se laissent voir que furtivement, & dans des réduits peu éclairés. Tels étoient les avantages des jolis vers du P...... de P***. sur les travaux de longue haleine de Benſerade. Quelques Quatrains aſſez ingénieux avoient plus fait pour le Poëte de ſociété , que vingt Ballets repréſentés avec ſuccès n'a-voient pû faire pour le Poëte en titre d'office.

Ce n'étoit pas tout. A meſure que l'idée qu'on ſe formoit du P.... de P***. croiſſoit dans les eſprits trop prévenus pour lui, on ſe dégoûtoit de *Benſerade* dans les ouvrages duquel on croyoit voir toujours les mêmes choſes. On aſ-piroit au plaiſir *d'être dédommagé par un homme neuf, des rapſodies d'un Auteur uſé.* Ce diſcours paſ-ſoit de bouche en bouche. Il de-vint bientôt une rumeur , un cri général : le P..... de P***. en fut flatté, & s'y laiſſa prendre. Il com-poſa le *Ballet des Amours dégui-ſés :* on fit les plus riches prépara-tifs pour ſon exécution : le Roi

voulut y danfer : les Dames les
plus qualifiées , les Seigneurs les
plus diftingués y briguèrent des
Entrées. On regardoit le fuccès
comme infaillible , le P. de P***.
comme la reffource unique , &
Benferade comme un homme
médiocre , fans goût , fans imagination & prefque fans talent.
C'eft dans ces difpofitions de toute la Cour , que l'ouvrage fut repréfenté le 13 Février 1664 ; & il
tomba de la maniere la plus complette.

Benferade triompha ; & la chûte de fon Rival lui auroit rendu
toute fa gloire , s'il n'avoit avili
fon triomphe * par un premier
mouvement impardonnable. Il fit
de méchans vers contre le P... de

* Voyez le Difcours de l'Abbé Lalle-
mand , qui eft à la tête des Œuvres de
Benferade.

P***. qui à fon tour commença de mériter fa chûte, en répondant à l'injure de Benferade par une autre.

Les Poëtes, les gens de Lettres, les Artiftes ne feront-ils jamais perfuadés, par les exemples éclatans qui frappent leurs yeux, par l'expérience de tous les fiécles, par la voix intérieure qui crie fans ceffe dans le fond de leur cœur, que l'envie, la malignité, les fureurs de la jaloufie dégradent, avililfent, deshonorent?

La carriere des Arts eft celle de la gloire. Il eft impoffible qu'on puiffe y courir fans obftacles, fans embarras, fans rivaux. Il eft des momens de dégoût, des occafions d'impatience, des préférences piquantes, des coups inattendus, des revers douloureux, des injuftices outrageantes. L'ame s'affecte , l'efprit s'aigrit, la bile s'allume , le trait échappe , & il nous perd.

Du flegme , une étude profonde , beaucoup de patience , un grand fond de fermeté , la certitude que les hommes ne font pas toujours injuftes , le fecours du tems , & fur-tout des efforts redoublés pour mieux faire ; voilà les moyens légitimes qu'on doit fe ménager pour les circonftances malheureufes , les feules armes avec lefquelles il faut combattre fes ennemis , les grandes reffources qu'il eft glorieux d'employer en faveur de la bonne caufe.

Les flots de la multitude emportent bien loin de vous un rival qui vous eft inférieur. Dans ces momens d'ivreffe & de délire , que peuvent vos murmures , vos cris , vos mouvemens ? Oppofez une tête froide à l'orage , & laissez couler le torrent : si la source dont il part n'est ni pure, ni féconde, vous le verrez baisser , se dessécher, disparoître, & ne laisser après lui qu'une vase infectée.

Une cabale puissante suscite contre vous une foule de Juges injustes. Vous connoissez l'auteur de votre disgrace. La colere vous le peint avec des traits qui rendus au grand jour peuvent le couvrir d'un ridicule éternel. Cette cruelle idée vous rit & rien ne vous arrête. Votre plume se trempe dans le fiel. Vous espérez tracer sa honte, & immortaliser votre vengeance. Quelle erreur ! le blanc , contre lequel vous tirez à bout-portant est appuyé sur une colonne de marbre. La balle le perce sans doute ; mais la colonne la repousse contre vous : vous tombez l'un & l'autre frappés du même coup, & vous restez à terre, pour y être foulés aux pieds de la multitude, dont vous auriez tôt ou tard fixé l'admiration, & qui vous méprise.

Hommes privilégiés par la nature, aimez-vous mutuellement ; estimez-vous, encouragez - vous : donnez le ton au Public qui ne demande pas mieux que de le prendre. Son penchant le porte à vous caresser, à vous chérir, à vous estimer. S'il se refroidit quelquefois, s'il vous humilie, s'il vous dédaigne, c'est presque toujours votre faute, & rarement la sienne. Regardez-vous comme les enfans d'une même famille, & concourez de tous vos efforts à sa splendeur. Soyez rivaux sans jalousie ; disputez le prix sans aigreur ; courez au même but avec

amitié. Si vous voulez vivre heureux, ſi vous aſpirez à l'eſtime pu-
bliquè, ſi l'honneur de votre nom
vous intéreſſe, employez le pré-
ſent à mériter les ſuffrages de l'a-
venir. Aimez la gloire, & ne haïſ-
ſez que l'envie; mais ne la crai-
gnez pas. *Les mouches cantharides*
*ne s'attachent qu'au meilleur bled,*
*& aux roſes les plus fraîches.,... Je*
*n'ai rien fait encore qui ſoit digne*
*d'eſtime, diſoit Thémiſtocle dans*
*ſa jeuneſſe ; tout le monde m'ac-*
*cueille, & perſonne ne me porte*
*envie* *.

* Plutarque . Œuvres morales de l'envie & de la haine.

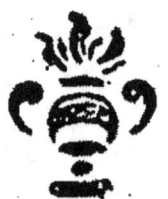

## CHAPITRE IV.

*Vices du grand Ballet.*

LE grand Ballet eſt un ſpectacle de Danſe. Les vers qui expoſent le ſujet, les machines qui l'embelliſſent, les décorations qui établiſſent le lieu où il s'exécute, n'en font que des parties acceſſoires. La Danſe eſt l'objet principal.

Or la Danſe théâtrale, ainſi que la Poëſie dramatique, doit toujours peindre, retracer, être elle-même une action. Tout ce qui ſe paſſe au Théâtre, eſt ſujet à cette loi immuable. Tout ce qui s'en écarte, eſt froid, monotone, languiſſant.

Il n'eſt donc pas poſſible de faire du grand Ballet un Spectacle susceptible de l'*intérêt* théâtral ; parce que cet *intérêt* ne peut se trouver que dans la représentation d'une action suivie.

Chaque œuvre dramatique a le sien. Le Spectateur est attaché, ou par le cœur, ou par l'esprit à la suite successive de l'événement qui se passe sous ses yeux. C'est cet attachement que l'art du Théâtre inspire ; c'est cette attention suivie & involontaire qu'il fait naître, qu'on a nommé *intérêt*, & il a autant de caracteres plus ou moins vifs, qu'il y a de genres d'actions propres au Théâtre.

Dans le grand Ballet, il y a beaucoup de mouvement, & point d'action. La Danse peut bien y peindre par les habits, par des pas, par des attitudes des caracteres nationaux, quelques personnages de la Fable, ou

de l'Histoire ; mais sa peinture
ressemble alors à la peinture ordinaire qui ne peut rendre qu'un
seul moment , & le Théâtre par
sa nature est fait pour représenter
une suite de momens, de l'ensemble desquels il résulte un tableau
vivant & successif qui ressemble
à la vie humaine.

Il étoit aisé de combiner les
différentes Entrées du grand Ballet de maniere qu'elles concou-
russent toutes à l'objet principal
qu'on s'y proposoit , & d'y procurer aux Danseurs des occasions
d'y développer les graces de la
Danse simple ; mais la Danse
composée , celle qui exprime les
passions & par conséquent la seule
digne du Théâtre , ne pouvoit y
entrer qu'en passant. Les Furies ,
dans une Entrée particuliere , par
exemple , pouvoient sans doute

par

par des pas rapides, par des saults
précipités , par des tourbillons
violens , peindre la rage qui les
agite ; mais ce n'étoit qu'un trait
général , un coup de pinceau épisodique. Il en résultoit qu'on
avoit vû les Furies , & rien de
plus.

Dans une action , au contraire , où la Vengeance & les Euménides voudroient inspirer les
transports qu'elles ressentent à un
personnage principal , tout l'art
de la Danse employé à peindre
par gradation & d'une maniere
successive , l'intention de ces bar-
bares Divinités , les combats de
l'Acteur , les efforts des Furies ,
les coups redoublés de pinceau ,
toutes les circonstances animées,
en un mot, d'une pareille action
demeureroient gravées dans l'esprit du Spectateur, échaufferoient

son ame par dégrés , & lui feroient goûter tout le plaisir que
produit au Théâtre le charme de
l'imitation.

Le grand Ballet qui coûtoit
des frais immenses , ne procuroit
donc à la Danse rien de plus que
les Bals masqués. Il falloit qu'on
sçût , pour y réussir , déployer ses
bras avec grace , conserver l'é-
quilibre dans ses positions , former ses pas avec légereté , développer les ressorts du corps en
mesure ; & toutes ces choses , suffisantes pour le grand Ballet , &
pour la Danse simple , ne sont
que l'alphabet de la Danse théâtrale.

# CHAPITRE V.

*Etablissement de l'Opéra François.*

L'OPERA François est une composition dramatique, qui pour la forme ressemble en partie aux Spectacles des Anciens, & qui pour le fond a un caractere particulier, qui la rend une production de l'esprit & du goût tout-à-fait nouvelle.

Quinault en est l'inventeur ; car Perrin, Auteur des premiers Ouvrages François en Musique représentés à Paris, n'effleura pas même le genre, que Quinault imagina peu de tems après.

Les Italiens eurent pour guides dans l'établissement de leur Opéra la Fête de Bergonce de Botta, & les belles compositions des anciens Poëtes tragiques. La forme qu'ils ont adoptée tient beaucoup de la Tragédie Grecque, en a presque tous les défauts, & n'en a que rarement les beautés.

Quinault a bâti un édifice à part. Les Grecs & les Latins l'ont aidé dans les idées primitives de son dessein ; mais l'arrangement, la combinaison, l'ensemble sont à lui seul. Ils forment une composition fort supérieure à celle des Italiens & des Latins ; & qui n'est point inférieure à celle même des Grecs.

Ces propositions sont nouvelles. Pour les établir, il faut de grandes preuves. Je crois pouvoir les fournir à ceux qui voudront les lire sans prévention. Remontons aux sources, & supposons pour un moment que nous n'avons jamais ouï parler des Spectacles de France, d'Italie, de Rome & d'Athènes. Dépouillons toute prédilection pour l'une ou pour l'autre Musique, question tout-à-fait étrangere à celle dont il s'agit. Laissons à part la vénération, que nous puisons dans la poussiere des Colleges, pour les ouvrages de l'antiquité. Oublions la chaleur avec laquelle les Italiens parlent de leur Opéra, & le ton de dédain dont les critiques du dernier siécle ont écrit en France, des Ouvrages Lyriques de Quinault. Examinons, en un mot, philosophiquement ce que les Anciens ont fait, ce que les Italiens exécutent, & ce que le plan qu'a tracé Quinault nous fait voir qu'il a voulu faire. Je pense qu'il résultera de cet examen une démonstration en faveur des propofitions que j'ai avancées.

Mon fujet m'entraîne indifpenfablement dans cette difcuffion. La Danfe fe trouve fi intimement unie au plan général de Quinault, elle eft une portion fi effentielle de l'Opéra François, que je ne puis me flatter de la faire bien connoître, qu'autant que la compofition dont elle fait partie fera bien connue.

Les Grecs ont imaginé une repréfentation vivante des différentes paffions des hommes : ce trait de génie eft fublime.

Ils ont expofé fur un Théâtre des Héros dont la vie merveilleufe étoit connue : il les ont peints en action, dans des fituations qui naiffoient de leur caractere, ou de leur hiftoire, & toutes propres à faire éclater les grands mouve-

mens de l'ame. Par cet artifice la
Poësie & la Musique.* unies pour
former une expression complette
ont fait passer mille fois dans les
cœurs des Grecs la pitié, l'admiration, la terreur. Une pareille
invention est un des plus admira-
bles efforts de l'esprit humain.

Le Chant ajoutoit & devoit
ajouter de la force, un charme
nouveau, un pathétique plus touchant à un stile simple & noble,
à un plan sans embarras, à des
situations presque toujours heureusement amenées, jamais for-
cées, & toutes assez théâtrales,
pour que l'œil, à l'aspect des tableaux qui en résultoient, fut un
moyen aussi sûr que l'oreille, de

---

* Tous les Ouvrages dramatiques
Grecs étoient représentés en Musique.
Les preuves en sont évidentes pour qui
a quelque connoissance de l'antiquité.

faire paſſer l'émotion dans l'ame des Spectateurs.

Les Grecs vivoient ſous un gouvernement populaire. Leurs mœurs, leurs uſages, leur éducation avoient dû néceſſairement faire naître d'abord à leurs Poëtes l'idée de ces actions qui intéreſſent des peuples entiers. L'établiſſement des chœurs dans leurs Tragédies, fut une ſuite indiſpenſable du plan trouvé.

Ils les employerent quelquefois contre la vraiſemblance, jamais avec aſſez d'art & toujours comme une eſpece d'ornement poſtiche; & c'eſt-là un des grands défauts de leur exécution. Ils les faiſoient chanter & danſer; mais il n'y avoit aucun rapport entre leur chant & leur danſe. Ce vice fut d'autant plus inexcuſable, que leur danſe étoit par elle-même

fort énergique , & qu'elle auroit
pû ajouter par conféquent une
force nouvelle à l'action principale , fi elle y avoit eté mieux
liée.

Telle fut la Tragédie des Grecs.
Voilà le premier modele : voici
la maniere dont les Italiens l'ont
fuivi.

Dans les premiers tems , ils
ont pris les fujets des Grecs , ont
changé la divifion , & l'ont faite
en trois Actes. Ils ont retenu leurs
chœurs , & ne s'en font point fer-
vis. En confervant la Mufique , ils
ont profcrit la Danfe. Il eft affez
vraifemblable que leur récitatif ,
relativement à leur déclamation
ordinaire , à l'accent de leur Langue & à leur maniere de la rendre
dans les occafions éclatantes , eft
à-peu-près tel qu'étoit la Mélopée
des Grecs ; mais moins ferrés dans

leur Dialogue, furchargeant l'action principale d'événemens inutiles & romanefques, forçant prefque toutes les situations, changeant de lieu à chaque Scène, accumulant épifodes fur épifodes pour éloigner un dénouëment toujours le même, ils ont fardé le genre, fans l'embellir ; ils l'ont énervé, fans lui donner même un air de galanterie. Rien auffi ne reffemble moins à une Tragédie de Sophocle ou d'Euripide qu'un ancien Opéra Italien : *Arlequin* n'eft pas plus différent d'un perfonnage raifonnable.

Les Opéra modernes, dont les détails font fi ornés de fleurs, font peut-être encore plus diffemblables des Tragédies Grecques. L'Abbé Métaftaze, ce Poëte honoré à Vienne, dont les Ouvrages dramatiques ont été mis en

Musique tant de fois par les meilleurs Compositeurs d'Italie, qui sont presque les seuls qu'on ait encore connus dans les Cours les plus ingénieuses de l'Europe, & qui ne doivent peut-être leur grande réputation * qu'à la France, où on ne les représente jamais, ce Poëte, dis-je, a abandonné la Fable, & n'a puisé ses fonds que dans l'Histoire. Ce sont donc les personnages les plus graves, les plus sérieux, & si on l'ose dire, les moins chantans de l'antiquité; les Titus, les Alexandre, les Didon, les Cyrus, &c. qui exécu-

---

* En Allemagne, en Italie à peine parloit-on il y a vingt ans de l'Abbé Métastaze. On n'écoute dans l'Opéra Italien que la Musique. Ce sont les François qui en lisant l'Abbé Métastaze ont publié les premiers dans leurs Ecrits, tout ce que valoient les Poëmes de ce grand Poëte moderne.

tent ſur les Théâtres d'Italie non-
ſeulement ce chant ſimple des
Grecs ; mais encore ces morceaux
forts de compoſition, que les Italiens appellent *Aria* *, preſque
toujours agréables, quelquefois
même raviſſans & ſublimes.

Le charme d'un pareil chant
fait oublier apparemment ce défaut énorme de bienſéance. Il eſt
cependant d'autant plus inexcuſable, que l'*Aria* n'eſt preſque jamais qu'un morceau iſolé & cou-
ſu ſans art, à la fin de chaque
Scène, qu'on peut l'ôter ſans que
l'action en ſouffre ; & que, ſi on
le ſupprimoit, elle y gagneroit
preſque toujours **.

En retenant les chœurs des

* Nous le nommons improprement
Ariete. La traduction véritable eſt *Air*.
Notre Ariete ne lui reſſemble point, &
c'eſt peut-être ſon grand défaut.

** On le pratique ainſi, lorſqu'on re-

Grecs, les Italiens les ont laiſſés avec encore moins de mouvement que ne leur en avoient donné leurs modeles. Ils n'ont aucun intérêt à l'action; ils ne ſervent par conſéquent, qu'à la refroidir ou à l'embarraſſer. On leur donne pour l'ordinaire un morceau ſyllabique à la fin de l'Opéra; on leur fait faire des marches, on les place dans le fonds de quelques-uns des tableaux, pour parer le Théâtre. Voilà tout leur emploi.

Telle eſt la conſtitution de l'Opéra d'Italie *, dont l'enſemble

---

préſente quelquefois les Tragédies de l'Abbé Métaſtaze ſans Muſique.

\* Les Italiens ne ſont pas plus réguliers dans leurs autres compoſitions dramatiques. Voyez Laminte du Taſſe, le Paſtor fido du Guarini. Rien n'eſt plus aimable que leurs détails. Rien n'eſt moins théâtral que leur enſemble.

dénué de vraisemblance, irrégu-
lier, long *, embrouillé, sans
rapport, n'est qu'un mêlange du
Théâtre des Grecs, de la Tragédie Françoise, & des rapsodies
des tems gothiques ; comme il est
cependant le seul grand Spectacle d'une Nation vive, délicate
& sensible, il n'est pas étonnant
qu'il en fasse les délices, & qu'il
y soit suivi avec le plus extrême
empressement. Une partie de la
Musique en est saillante, les Chanteurs du plus rare talent l'exécutent, & ce Spectacle n'a qu'un
tems **. Dans les plus grandes
Villes d'Italie, on ne voit l'O-

*L'Opéra d'Italie est sans Danse. La
durée de la Représentation est de quatre
heures.
** Quelle Salle seroit assez grande
pour contenir les Spectateurs, si notre
Opéra, tel qu'il est, n'étoit représenté que
pendant trois mois.

péra tout au plus que pendant trois mois de l'année, & on y songe à la Musique tous les jours de la vie.

Nous avions un Théâtre tragique repris sous œuvre par Corneille, & fondé pour jamais sur le sublime de ses compositions, lorsque l'Opéra François fut imaginé. L'Histoire étoit le champ fertile que ce grand Poëte avoit préféré ; & c'est-là qu'il alloit choisir ses sujets. La Musique, la Danse, les Chœurs étoient bannis de ce Théâtre ; la représentation mâle d'une action unique exposée, conduite, dénouée dans le court espace de vingt-quatre heures & dans un même lieu, est la tâche difficile que Corneille s'étoit imposée. Il devoit tirer l'illusion, l'émotion, l'intérêt de sa propre force. Rien d'étranger ne pouvoit l'aider à frapper , à féduire , à captiver le Spectateur. Oseroit-on le dire ? une des bonnes Tragédies de cet homme extraordinaire suppose plus d'étendue de génie que tout le Théâtre des Grecs ensemble.

Quinault connoissoit la marche de l'Opéra Italien , la simplicité noble , énergique , touchante de la Tragédie ancienne , la vérité , la vigueur , le sublime de la moderne. D'un coup d'œil il vit , il embrassa , il décomposa ces trois genres , pour en former un nouveau qui , sans leur ressembler , pût en réunir toutes les beautés. C'est sous ce premier aspect que s'offrit à son esprit un Spectacle François de Chant & de Danse.

D'abord le merveilleux fut la pierre fondamentale de l'édifice , & la Fable , ou l'imagination lui fournirent les feuls matériaux qu'il crut devoir employer pour le bâtir. Il en écarta l'Hiftoire qui avoit déja fon Théâtre, & qui comporte une vérité, trop connue, des perfonnages trop graves, des actions trop reffem-blantes à la vie commune, pour que, dans nos mœurs reçues, le Chant, la Mufique & la Danfe ne forment pas une difparate ri-dicule avec elles.

. De-là qu'il bâtiffoit fur le mer-veilleux, il ouvroit fur fon Théâ-tre à tous les Arts la carriere la plus étendue. Les Dieux, les pre-miers Héros dont la Fable nous donne des idées fi poëtiques & fi élevées, l'Olimpe, les Enfers, l'Empire des Mers, les Métamor-phofes miraculeufes, l'Amour, la Vengeance, la Haine, toutes les paffions perfonnifiées, les Elémens en mouvement, la Nature entiere animée fournissoient dèslors au génie du Poëte & du Muſicien mille tableaux variés, & la matiere inépuiſable du plus brillant Spectacle.

Le langage muſical ſi analogue à la Langue Grecque, & de nos jours ſi éloigné de la vraiſemblance, devenoit alors non-ſeulement ſupportable ; mais encore tout-à-fait conforme aux opinions reçues. La danſe la plus compoſée, les miracles de la peinture, les prodiges de la méchanique, l'harmonie, la perſpective, l'optique, tout ce qui, en un mot, pouvoit concourir à rendre ſenſibles aux yeux & à l'oreille les preſtiges des Arts, & les charmes de la nature entroit raiſonnablement dans un pareil plan, & en devenoit un acceſſoire néceſſaire.

Les chœurs dont les Grecs n'avoient fait qu'un trop foible usage, & dont les Italiens, ainsi que je l'ai déja dit, n'ont pas sçu se servir, placés par Quinault dans les lieux où ils devoient être, lui procuroient des occasions fréquentes de grand spectacle *, des mouvemens généraux **, des concerts ravissans ***, des coups de Théâtre frappans ****, & quelquefois le pathétique le plus sublime *****.

* Qu'on suppose un Théâtre tel qu'il devoit être, & qu'on s'imagine l'effet qui résultera alors des chœurs du quatrieme Acte de *Persée*

** Telle est la position des chœurs dans le quatrieme Acte de Proserpine & dans le premier d'Armide, dans le troisieme Acte d'Alceste.

*** Le Chœur de Phaëton: *Allez répandre la lumiere.*

**** V. le quatrieme Acte de Rolland.

***** Les Chœurs du cinquieme Acte d'Atys.

En liant à l'action principale la Danse qu'il connoiſſoit bien mieux qu'elle n'a été encore connue, il ſe ménageoit un nouveau genre d'action théâtrale, qui pouvoit donner un feu plus vif à l'enſemble de ſa compoſition , des Fêtes auſſi aimables que galantes, & des tableaux variés à l'infini , des uſages , des mœurs, des Fêtes des Anciens.

Ce grand deſſein fut balancé ſans doute dans l'eſprit de Quinault par quelques difficultés. Le moyen qu'il ne prévit pas qu'il ſe trouveroit tôt ou tard des hommes rigides qui refuſeroient de ſe prêter aux ſuppoſitions de la Fable , des Philoſophes ſéveres dont la raiſon ſeroit rebutée des preſtiges de la Magie , des eſprits forts pour qui la plus belle machine ne ſeroit qu'un jeu d'enfans.

Mais Homère & Virgile, Sophocle & Euripide parurent à Quinault des autorités suffisantes en faveur du genre qu'il projettoit de mettre sur la Scêne. Il espéra que le système ancien qui fut la base de leurs ouvrages, & qui sera toujours l'ame de la belle Poësie, seroit souffert encore par des Spectateurs instruits, & sur un Théâtre qu'il vouloit consacrer à la plus délicieuse illusion. Il vit dans Ariofte & le Tasse les effets agréables, les grands mouvemens, les changemens imprévus, que pouvoient produire la Magie; & les grands Ballets qui étoient depuis si long - tems le spectacle à la mode, lui fournissoient trop de preuves journalieres du charme des belles machines, pour qu'il négligeât les avantages que la Méchanique pouvoit procurer à son établissement.

Les beaux traits d'Histoire ne font pas les feuls qui doivent exercer le génie des grands Peintres. La Fable ne leur en fournit-elle pas qui ne font ni moins nobles ni moins touchans ? Ecouteroit-on la critique d'un homme de mauvais goût qui déclameroit contre une composition de cette espece, parce que nous fçavons tous que la Fable n'est qu'une des folies de l'esprit des premiers tems ?

Le Théâtre n'est qu'un tableau vivant des paffions. Quinault en voyoit un * digne de l'admiration de tous les fiecles, où elles pouvoient être peintes avec le

---

* Le Théâtre de la Comédie Françoife. Nous avons deux grands genres. Les Italiens n'en ont qu'un. Cette observation est décifive, & l'argument qu'elle fournit est fans replique.

pinceau le plus vigoureux, & qui s'étoit emparé avec raiſon de l'hiſtoire. Il falloit ne point empiéter ſur un établiſſement auſſi impoſant, & donner cependant à celui qu'il ſe propoſoit, le caractere d'imitation que doit avoir toute compoſition dramatique. Le *merveilleux* qui réſulte du ſyſtême poëtique rempliſſoit ſon objet, parce qu'il réunit avec la vraiſemblance ſuffiſante au Théâtre, la Poëſie, la Peinture, la Muſique, la Danſe, la Méchanique, & que de tous ces Arts combinés il pouvoit réſulter un enſemble raviſſant, qui arrachât l'homme à lui-même, pour le tranſporter pendant le cours d'une repréſentation animée, dans des régions enchantées.

Ce beau deſſein, n'eſt point une vaine conjecture imaginée

après coup , pour féduire le Lecteur. Qu'on fuive pas à pas la marche de Théfée , d'Atys , d'Armide , &c. on verra l'intention de Quinault, telle qu'on vient de l'expliquer , marquée par - tout avec les traits diftinctifs de l'efprit, du fentiment, & du génie.

Ici on s'arrêtera fans doute pour chercher la caufe fecrette du peu d'effet qui réfulte cependant de nos jours d'un plan fi magnifique. Le vice eft-il dans le plan lui-même ? Seroit-il dans l'exécution primitive ? N'eft-il que dans l'exécution actuelle ?

Il eft certain que le deffein de Quinault eft un effort de génie , qu'on peut mettre à côté de tout ce qui a été imaginé de plus ingénieux pendant le cours fucceffif des progrès des beaux Arts , mais il n'eft pas moins certain que le plaifir , plaiſir, l'émotion, l'amuſement qui en réſultent ſont très - inférieurs aux charmes qu'on devroit & qu'on peut en attendre.

---

# CHAPITRE VI.

### Défauts de l'exécution du Plan primitif de l'Opéra François *.

C'Est un Spectacle de Chant & de Danſe que Quinault a voulu faire ; c'eſt-à-dire, que ſur le

---

* Je dois me borner à ce qui regarde la Danſe, & je ne puis traiter qu'en paſſant cet objet vaſte que je me propoſe d'approfondir dans un ouvrage à part. On a changé l'ordre naturel dans les commencemens. L'Architecte lors de la construction de l'Edifice a obéi. Le Maître Maçon a commandé. Tous les inconvéniens de l'exécution ancienne & actuelle dérivent de ce déplacement. Je ſçais bien qu'on feindra de ne m'en pas

Théâtre nouveau qu'il fondoit, il a voulu parler à l'oreille par les sons suivis & modulés de la voix, & aux yeux par les pas, les gestes, les mouvemens mesurés de la Danse.

Tout ce qui se fait sur le Théâtre doit être plein de vie. Rien n'y doit paroître dans l'inaction. Un Ouvrage dramatique n'est qu'une grande action, formée de mille autres, qui lui sont subordonnées, qui en font les parties essentielles, qui doivent concourir à l'harmonie générale, & dont le concert mutuel peut seul former la beauté, l'illusion, le charme de l'ensemble.

Il étoit donc nécessaire, pour remplir l'objet de Quinault, que

croire. Ma proposition n'en sera pas moins vraie, & je suis très en état de la démontrer.

la Danse, qui alloit former une partie considérable de son nouveau Spectacle, agit conformément à son dessein ; & quel étoit son dessein ? C'étoit ( n'en doutons point ) de s'aider de la Danse pour faire marcher son action, pour l'animer, pour l'embellir, pour la conduire par des progrès successifs jusqu'à son parfait développement. En admettant sur son Théâtre le même Art dont les Grecs & les Romains s'étoient si heureusement servis, n'auroit-il eu pour objet que de réduire son emploi à quelques froids agrémens plus nuisibles qu'utiles au cours de l'action théâtrale ?

Seroit-il possible qu'il eût fait entrer la Danse dans sa composition comme une partie principale, si elle n'avoit dû toujours agir, peindre, conserver en un mot, le

caractere d'imitation & de repréfentation que doit avoir néceffairement tout ce qu'on introduit
fur la Scêne.

Il eft indifpenfable de revenir
ici fur fes pas, & de fe rappeller les différens emplois qu'avoit
remplis la Danfe chez les Grecs,
chez les Romains, & dans les
derniers fiécles.

Vive, faillante, eftimable &
dangereufe tout à la fois en Gréce, la Danfe y fut un Art qui fer-
vit également au plaifir, à la religion, au maintien des forces du
corps, au développement de fes
graces, à l'éducation de la jeu-
neffe, à l'amufement des vieil-
lards, à la confervation & à la
corruption des mœurs.

A Rome, elle devint partie de
l'Art dramatique, & marcha alors
d'un pas égal avec la Poëfie, l'E-

loquence & la Musique. Dans les derniers siecles froide & languissante, elle ne fut qu'un divertissement peu varié & sans ame. On la réduisit dans les grands Ballets à la peinture momentanée de quelques caracteres; dans les Mascarades elle ne pouvoit exprimer par des pas que le générique du personnage dont elle prenoit les habits. Dans les Bals de cérémonie, elle n'étoit qu'un mouvement sans objet, une occasion toujours la même de montrer les graces de la figure, & les belles proportions du corps.

Dans cette succession historique des différens emplois de la Danse, on voit distinctement les divers dégrés de beauté que peut lui donner l'art : car ce qu'il a pu dans un tems, il le peut toujours dans un autre. Or toutes les com-

positions de Quinault nous prou-
vent qu'il a connu parfaitement
l'histoire de la Danse & toutes ses
possibilités. Il faudroit cependant
que ce Poëte n'en eût eu que des
idées très-bornées, s'il n'en avoit
adopté que la partie la plus foible, & il seroit tombé dans cette
lourde bévue, s'il n'avoit voulu
l'employer que comme un simple
divertissement, tandis qu'elle est
capable de former les tableaux
les plus dignes du Théâtre.

Mais en parcourant les compositions de ce beau génie, on ne
peut le soupçonner de cette méprise. On y voit par-tout l'imagination & le goût marquer la place des Arts qu'il y a réunis, & faire toujours naître du fond du sujet chacun de leurs emplois différens. En effet la Poësie, la Peinture, la Danse, la Méchanique

n'y font jamais que dans les lieux
où elles doivent être, tout ce
qu'elles y font devoir se faire; il
étoit indispensable qu'elles pei-
gnissent tout ce que Quinault a
pensé qu'elles devoient exprimer. —

Dans Cadmus qui doit surmon-
ter les plus grands obstacles pour
obtenir Hermione, je vois ce
Héros sémer dans le champ de
Mars les dents du Dragon qu'il a
vaincu.

Voici le dessein que trace Quinault pour ce moment théâtral.

» La Terre produit des Soldats
» armés, qui se préparent d'a-
» bord à tourner leurs armes con-
» tre Cadmus; mais il jette au
» milieu d'eux une maniere de
» grenade que l'Amour lui a ap-
» portée, qui se brise en plusieurs
» éclats, & qui inspire aux com-

» battans une fureur qui les obli-
» ge à combattre les uns contre
» les autres , & à s'entregorger
» eux-mêmes. Les derniers qui
» demeurent vivans viennent ap-
» porter *leurs armes aux pieds de*
» *Cadmus* ».

Je ne puis pas me méprendre
sur l'intention de Quinault. Je
vois évidemment que , si elle eût
été remplie , le Théâtre m'eût of-
fert dans ce moment le tableau
de Danse le plus noble , le plus
vif , le mieux lié à l'action principale. Rien de tout cela n'existe
dans l'exécution. Elle n'en offre
pas même l'ombre.

Dans ce même Poëme à la fin
du troisieme Acte , lorsque l'in-
flexible Dieu de la guerre a dit :

Un vain respect ne peut me plaire :
On ne satisfait Mars que par de grands
exploits ;

Vous que l'Enfer a nourries,
Venez cruelles Furies,
Venez briſer l'Autel en cent morceaux
épars.

Quinault veut qu'on finiſſe cet
Acte *par l'arrivée des Furies qui
briſent l'autel, qui s'emparent des
tiſons ardens du Sacrifice, & qui
s'envolent, pendant que le char de
Mars, en tournant rapidement vers
le fond du Théâtre, ſe perd dans
les airs, & que les Prêtres, les Peuples, Cadmus, &c. déſolés crient ;
O Mars ! ô Mars !*

Quel coup de pinceau mâle !
Quelle occaſion énergique, pour
la Danſe, pour la Muſique, pour
la Méchanique ! Je vois cependant à la repréſentation tous ces
mêmes Arts oiſifs dans ce moment.

A la place des idées grandes &
nobles qui étoient eſſentiellement

du plan de Quinault, on a substi-
tué une exécution maigre, de petites figures mal dessinées, un coloris misérable, & par malheur,
cette exécution, malgré sa foi-
blesse, a paru suffisante dans les
premiers tems à des Spectateurs
que l'habitude n'avoit pas encore
instruits. Elle a été répétée, avec
les mêmes vices & avec le même
succès, dans presque toutes les
autres occasions qu'a fourni le génie fécond du Poëte. Le moyen
que ceux qui exécutoient ne fus-
sent pas contens d'eux-mêmes en
voyant tous les Spectateurs satis-
faits ? Mais le moyen aussi que
l'Art parvint au dégré de perfection, où il étoit capable d'atteindre, dès que les Artistes n'apper-
cevoient pas le *par-delà* du point
médiocre où ils se bornoient ?

Je trouve, par exemple, un

trait d'imagination que j'admire, & un défaut d'exécution qui me confond, dans l'épiſode de *Protée* que Quinault a lié ſi naturellement à l'Opéra de Phaëton.

Ce perſonnage connu dans la Fable par ſes transformations ſurprenantes n'étoit qu'un Danſeur Grec, qui opéroit ces ſortes de prodiges par la rapidité de ſes pas, par les formes diverſes qu'il ſçavoit donner à l'enſemble de ſes mouvemens. Peut-être eſt-ce le fond le plus riche que la Danſe théatrale, aidée du ſecours des machines, ait jamais eu, pour déployer tous les plus beaux reſſorts de l'Art. Que réſulte-t-il cependant dans l'exécution, de l'idée admirable de Quinault ? L'or pur ſe change en un plomb vil. On ne me donne, à la place de ce que je pouvois attendre, qu'une froide symphonie, des cartons mal peints, quelques poignées d'étoupes enflammées, & un *escamotage* grossier, qui ne sert qu'à me faire appercevoir, combien j'aurois pû être satisfait, si le jeu de la Danse & le mouvement des machines s'étoient adroitement concertés, pour rendre à mes yeux & à mon oreille l'intention ingénieuse du Poëte.

Le même vice me frappe dans presque tous les endroits où l'imagination de Quinault s'est manifestée. Je me borne à exposer mes conjectures sur deux de ce genre, ou si je ne me trompe, ce beau génie a été aussi mal entendu, que servi.

La premiere est le Siége de Scyros dans Alceste. Lorsqu'on connoît ce que peut exécuter la Danse, on ne sçauroit être incertain ſur le projet de Quinault. Il n'en faut point douter ; ce Poëte lui avoit deſtiné cette action.

Qu'on ſe rappelle en effet tou-tes les évolutions militaires qui ſont de l'inſtitution primitive de la Danſe ; qu'on les ſuppoſe pour un moment exécutées ſur les chants des chœurs , & ſur des ſymphonies relatives au ſujet ; qu'on ſe repréſente les attaques , les pourſuites , les efforts des Aſ-ſiégeans , la défenſe des Aſſiégés , leurs ſorties , leurs fuites ; qu'on imagine voir au Théâtre la ſuc-ceſſion rapide de tous ces divers tableaux , rendus avec art par des Danſes expreſſives , on aura alors une idée de l'eſquiſſe de Qui-nault que l'exécution originaire a totalement défigurée.

Pour expliquer mes idées ſur la ſeconde , j'ai beſoin , que le

Lecteur daigne suspendre toute prévention. Je crois avoir apperçû dans un des beaux Opéra de Quinault un trait singulier de génie qui est de mon sujet, dans l'endroit même qui depuis près de soixante-dix ans passe pour le plus défectueux de ses Ouvrages. Je vais exposer simplement mes réflexions, que je me garde bien de croire infaillibles. Mon intention est de pénétrer l'esprit des Artistes sans avoir le dessein fastueux de m'ériger en juge de l'art. Si mes observations sont vraies, il y gagnera, & mon ambition sera tout-à-fait remplie. Si je suis dans l'erreur, je rends graces d'avance à la main secourable qui voudra m'aider à en sortir.

Il semble que l'opinion générale ait proscrit sans retour le quatrieme Acte d'Armide. On le regarde comme très-indigne des quatre autres , & je penfe que c'eft fur l'effet feul qu'on l'a jugé. Le Public n'eft parti que d'après fon impreffion, qui, avec raifon, eft toujours fa régle ; mais l'effet tel qu'il eft produit fur le Spectateur, peut avoir deux caufes, le deffein & l'exécution.

Or je crois appercevoir ici le plus beau deffein de la part de Quinault. Si ma découverte n'eft pas une chimere ; l'effet ne peut plus être imputé qu'à la maniere dont il a été exécuté.

Il faut ici néceffairement que le Lecteur me permette de lui rappeller la marche théâtrale d'Armide.

L'amour le plus tendre déguifé fous les traits du plus violent dépit, dans le cœur d'*une femme toute - puiffante*, eft le premier coup de pinceau qui nous frappe dans cette belle compoſition. Si l'amour l'emporte ſur la gloire, ſur le dépit, ſur les plus forts motifs de vengeance qui balancent le penchant ſecret d'Armide, quels moyens n'employera pas ſon pouvoir ( qu'on a eu l'adreſſe de nous faire connoître immenſe ) pour ſoutenir les intérêts d'un ſi grand amour !

Dans le premier Acte, le cœur d'Armide eſt le jouet tour à tour de pluſieurs paſſions qui ſe combattent mutuellement, & qui la déchirent. Dans le ſecond, elle vole à la vengeance : le fer brille, elle eſt prête à frapper. L'amour l'arrête, & il triomphe. L'Amante & l'Amant ſont tranſportés au bout de l'Univers.

C'eſt-là que la foible raiſon d'Armide combat encore : c'eſt-là qu'elle appelle à son secours *la haine* qu'elle avoit cru suivre, & qui ne servoit cependant que de prétexte à l'amour.

Les efforts redoublés de cette Divinité barbare cédent encore la victoire à un penchant auquel rien ne peut résister ; mais la haine menace : outre les craintes si naturelles aux Amans, Armide entend encore un oracle qui en redoublant ses terreurs doit ranimer sa prévoyance. Tel est l'état de l'action à la fin du troisieme Acte.

Voilà par conséquent Armide livrée toute entiere & sans retour, aux divers mouvemens de la plus vive tendresse. Instruite par son art de l'état du camp de Godefroi, jouissant des transports de Renaud, elle n'a que sa fuite à craindre ; & cette fuite, elle ne peut la redouter, qu'autant qu'il seroit possible de détruire l'enchantement dans lequel son art & sa beauté ont plongé son heureux Amant.

Ubalde cependant & le Chevalier Danois s'avancent ; & cet épisode est très-bien lié à l'action, lui est nécessaire, & forme un contre-nœud extrêmement ingénieux.

Armide, que je ne puis pas croire tranquille, va donc déployer ici tous les efforts, toute la puissance, toutes les ressources de son art, pour arrêter les seuls ennemis qu'elle ait à craindre. Tel est le dessein de Quinault, & quel dessein pour un Spectacle de Chant, de Musique & de Danse ! Tout ce que la Magie a de redoutable ou de séduisant : les tableaux de Danse de la plus grande force, ou de la plus aimable volupté : des embrasemens, des orages, des tremblemens de terre : des Ballets légers, des Fêtes brillantes, des enchantemens délicieux ; voilà ce que Quinault demandoit dans cet Acte : c'est le plan qu'il avoit tracé, que Lully auroit dû remplir & terminer en homme de génie, par un entre-Acte dans lequel la Magie eut fait un dernier effort terrible. On eut jetté par cet artifice de l'incertitude sur le succès des soins d'Ubalde, & formé un contraste admirable, avec le ton de volupté qui regne dans la premiere partie de l'Acte suivant.

Supposons un pareil dessein éxécuté par le Chant, la Danse, les Symphonies, la Décoration, les Machines, & jugeons *.

* On peut se rappeller quel fut l'effet

# CHAPITRE VII.

## Principes Physiques du Vice de l'Exécution primitive de l'Opera François.

EN examinant les vûes de Quinault, le plan de son Spectacle, les belles combinaisons qui y sont répandues, la connoissance profonde des différens Arts qu'il y a rassemblés, qu'elles supposent dans ce beau génie ; je me suis demandé mille fois, pourquoi au Théâtre, la plus grande partie

prodigieux que produisit dans la derniere reprise de cet Opéra une petite Fète de la plus foible composition, qu'on ajouta dans cet Acte. Qu'on infére de-là quel eût été le juste enthousiasme qu'auroit causé l'exécution complette du plan de Quinault.

de ce qu'il m'eft démontré que Quinault a voulu faire, femble s'évaporer, fe perdre, s'anéantir, & j'ai cru en voir évidemment la caufe dans l'exécution primitive.

Mais pourquoi cette exécution a-t-elle été fi défectueufe ? Quelle eft la fource d'où couloient les vices qui s'y font répandus ? L'art n'avoit rien à gagner dans ma premiere découverte, fans le fecours de cette feconde ; & cette recherche une fois faite avec quelque fuccès, les remedes étoient aifés, & les progrès de l'art infaillibles.

Or, je crois appercevoir dans la foibleffe de tous les fujets employés pour l'exécution du plan de Quinault les principes phyfiques des défauts fans nombre qui l'ont énervée.

La Danse, la Musique instru-
mentale & vocale, l'art de la décoration, celui des machines,
étoient, pour ainsi dire, au berceau; & le dessein du Poëte auroit exigé des exécutans consom-
més dans tous ces différens genres.

Le plan étoit en grand, comme le sont tous ceux que forme le
génie; & dans la construction de
l'édifice, on crut devoir le resser-
rer, le rapetisser, le mutiler, si je
puis me servir de ces expressions,
pour le proportionner à la force
des sujets, qui étoient employés
à le bâtir, & à l'étendue du ter-
rein sur lequel on alloit l'élever.
Tout ce peuple d'Artistes, qui ne
vit dans Quinault qu'un Poëte
peu considérable, étoit encore à
cent ans loin de lui pour la connoissance de l'art.

Quinault ne fit qu'une faute

qu'une modestie mal entendue
lui suggéra, dont ses ennemis se
prévalurent, qui a fait mécon-
noître le genre, & qui en a re-
tardé le progrès beaucoup plus
sans doute qu'on ne pourra se le
persuader. Il donna le titre de
*Tragédie* à la composition nouvelle qu'il venoit de créer. Boileau, Racine, & les autres Juges * de la Littérature Françoise y
chercherent dès-lors les différens

* S'il y a rien au monde qui paroisse
étrange & contraire même à une action
tragique, c'est le chant. N'en déplaise
aux Inventeurs des Tragédies en Musique, Poëmes aussi ridicules *que nouveaux*, & qu'on ne pourroit souffrir,
si l'on avoit le moindre goût pour les
Pieces de Théâtre, ou que l'on n'eut pas
été *enchanté & séduit par un des plus
grands Musiciens qui ait jamais été*. Da-
cier, Poët. d'Aristote, p. 82.

Par ce peu de mots on a une esquisse
de l'opinion qu'on s'étoit formée dans la
Littérature Françoise de Quinault & de

traits de phisionomie du Poëme qu'on nommoit communément *Tragédie*, & ils l'apprécierent à proportion du plus ou du moins de reffemblance qu'ils lui trouverent avec ce genre déja établi.

Par cette fauffe dénomination Quinault les aida lui-même à fe bien convaincre, que fa compofition n'étoit rien moins qu'un genre tout-à-fait nouveau. Ils ne virent dans Théfée même qu'une Tragédie manquée ; ils le dirent & le publierent ; les Echos du Parnaffe & du monde le répéterent après eux. De-là Paris, la Littérature, les Provinces, les Etrangers fe formerent une idée fauffe du genre, qui s'eft confervée jufqu'à nos jours, & que je ne me

Lully. Cette erreur eft la caufe primitive de tous les malheurs du Théâtre Lyrique.

flatte

flatte pas de pouvoir détruire. Ce
danger étoit prévenu, si, à la place de ce titre, Quinault avoit mis
à la tête de ses Poëmes Lyriques,
*Cadmus*, *Thésée*, *Atys* Opéra. Ce
seul mot auroit donné à Boileau
l'idée d'un genre, & cette idée
une fois apperçue, sa sagacité &
le desir qu'il avoit d'être juste,
auroient fait le reste. Racine d'autre part tout-à-fait indifférent sur
les succès heureux ou malheureux
de Quinault, n'auroit plus vû des
Tragédies autres que les siennes
occuper Paris. Il auroit applaudi
sans peine Armide *Opéra*. Il étoit
peut-être impossible qu'il ne fut
pas révolté contre Armide *Tragédie*.

# CHAPITRE VIII.

## *Suites du Vice primitif.*

L'OPERA François tel qu'on le
forma dans sa nouveauté fut reçu
de la Nation avec un applaudisse-
ment presque unanime * ; parce
que les lumieres des Spectateurs
sur le genre & sur tous les Arts
qu'on y avoit rassemblés étoient
en proportion avec les forces, le
talent, & l'art des sujets employés
pour l'exécuter.

Lully fut dès-lors regardé com-

---

* Tout l'honneur de ce succès fut pour
Lully. Le Public étoit enchanté de la représentation, & il entendoit dire que les
Poëmes de Quinault étoient mauvais.
Par un méchanisme fort simple, il crut
que tout le charme étoit dans la Musique, & Lully le lui laissa croire.

me un Compositeur divin, les Chanteurs comme des modeles, les Ballets comme les chef-d'œuvres de la Danse, les Machines comme le dernier effort de la Méchanique ; les Décorations comme des prodiges de Peinture. Au milieu de ce mouvement universel, Quinault cependant fut à peine apperçu. On ne vit de son ouvrage que les endroits défectueux que ses ennemis releverent. Tout ce qui n'étoit pas du Poëte en apparence, fut élevé jusqu'aux nües ; tout ce qui parut dans le Poëme plus foible que la *Tragédie Françoise*, fut mis sous les pieds. L'Opéra ravissoit la Nation, & dans le même tems elle méconnoissoit ou dédaignoit le génie fécond qui venoit de le faire naître. Lully mourut : les traditions de tout ce qu'il avoit fait sur son Théâtre resterent. On crut ne pouvoir mieux faire que de suivre littéralement & servilement ce qui avoit été pratiqué sous les yeux d'un homme, pour lequel on conservoit un enthousiasme qui a manqué d'anéantir l'Art. Il est arrivé de-là que les vices primitifs ont subsisté dans l'Opéra François, pendant que les connoissances des Spectateurs se font accrues. Le charme, qui cachoit les défauts, s'est dissipé peu-à-peu par l'habitude, & les défauts font restés. Il n'y a pas dix ans que la Danse a osé produire quelques figures différentes de celles que Lully avoit approuvées, & j'ai vu fronder comme des nouveautés pernicieuses, les premieres actions qu'on a voulu y introduire.

Sur un Théâtre créé par le

génie, pour mettre dans un exercice continuel la prodigieuse fécondité des Arts, on n'a chanté, on n'a dansé, on n'a entendu, on n'a vu constamment que les mêmes choses & de la même maniere, pendant le long espace de plus de soixante ans. Les Acteurs, les Danseurs, l'Orchestre, le Décorateur, le Machiniste ont crié au schisme, & presque à l'impiété, lorsqu'il s'est trouvé par hazard quelqu'esprit assez hardi pour tenter d'agrandir & d'étendre le cercle étroit dans lequel une sorte de superstition les tenoit renfermés. Ainsi les défauts actuels, dérivent presque tous du vice primitif. La Danse étoit au berceau en France lors de l'établissement de l'Opéra : l'habitude, l'usage, la tradition, seules régles des Artistes bornés, l'y ont depuis retenue com-

me emmaillotée. C'est-là qu'ils
la bercent des prétendues per-
fections * de l'exécution ancienne , & qu'ils l'endorment dans le
sein de la médiocrité.

* Qu'on seroit étonné, si l'on voyoit
ces anciens Danseurs, avec leur noblesse, leurs graces , &c. à côté ( je ne dis
pas de Dupré ; son talent supérieur &
trente ans de succès l'ont placé dans l'opinion des François au-dessus de tout ce
qui avoit paru avant lui ) je ne parle
que de nos jeunes Danseurs qu'on croit
sans doute fort inférieurs aux Danseurs,
tant vantés du dernier siecle. La tradition théâtrale nous les peint comme des
colosses : le goût ne nous les montreroit
plus que comme des pigmées. Cette observation ne contredit point mes premieres propositions. Je crois les Danseurs modernes fort supérieurs à ceux du
siecle dernier ; quoique je sois très-convaincu que la Danse est très-fort au-dessous de ce qu'elle pourroit être.

## CHAPITRE IX.

### *Du Ballet Moderne.*

LORS de l'Etabliſſement de l'O-
péra en France, on conſerva le
fond du grand Ballet dont on fit
un Spectacle à part ; mais on en
changea la forme. Quinault imagina un genre mixte, qui n'en
étoit pas un, dans lequel les récits
firent la partie la plus conſidéra-
ble du Spectacle. La Danſe n'y fut
qu'en ſous-ordre. Ce fut en 1671.
qu'on repréſenta à Paris les Fêtes
de Bacchus & de l'Amour *. Cette nouveauté plut, & en 1681. le

---

* Les paroles étoient de Quinault &
la Muſique de Lully. Cet ouvrage fut
fait à la hâte pour remplir le Théâtre
qu'on venoit d'ôter à Cambert pour le
donner à Lully.

Roi & toute fa Cour exécuterent à Saint-Germain le Triomphe de l'Amour, ouvrage fait dans le même goût, dont le fuccès anéantit pour jamais le grand Ballet, qui avoit été fi long-tems le feul Spectacle de notre Cour. Dèslors la Danfe reprit parmi nous fur tous nos Théâtres, à l'exception de celui de l'Opéra, la place qu'elle avoit occupée fur les Théâtres des Grecs. On ne l'y fit plus fervir que d'Intermede. Le grand Ballet fut pour toujours rélégué dans les Colléges, & à l'Opéra même le Chant prit tout-à-fait le deffus. On avoit plus de Chanteurs que de Danfeurs paffables. Les Spectacles de Danfe avoient été formés jufqu'alors par les perfonnes qualifiées de la Cour. L'art ou, pour mieux dire, l'ombre de l'art ne s'étoit confervée que parmi les gens du monde. En formant un Spectacle public, on n'eut pour reſſources que quelques Maîtres à danſer dont toute la ſcience conſiſtoit à montrer les Danſes néceſſaires dans les Bals de cérémonie, ou un nombre fort borné de pas de caractere, qui entroient dans la compoſition des grands Ballets. La diſette des ſujets étoit alors ſi grande en France, que notre Opéra fut exécuté pendant plus de dix ans ſans Danſeuſes. On faiſoit habiller en femmes deux ou quatre Danſeurs qui figuroient ſous cette maſcarade dans les Fêtes de ce Spectacle. Le Triomphe de l'Amour * fut le premier ouvrage en Muſique où quatre vraies femmes danſantes furent introduites, & on vanta

En 1681. dix grands Opéra avoient été repréſentés ſans femmes danſantes.

alors cet embellissement, comme
on loueroit de nos jours l'établissement d'une Salle de Spectacle
bien réguliere & proportionnée
au dégré de splendeur où nous
pouvons croire sans orgueil que
notre Ville Capitale est montée.
Tant il est vrai que dans les siecles
les plus éclairés, il y a toujours
dans les Arts quelque partie éloi-
gnée où la lumiere ne perce point
encore.

Le défaut de sujets fut sans
doute le motif qui engagea Quinault à défigurer le grand Ballet,
& peut-être est-il la seule excuse
qu'on puisse donner d'une partie
des vices principaux qui ont énervé l'exécution primitive de l'O-
péra François. Ce beau génie qui
avoit eu des idées si vastes, si nobles, si vraies sur le genre qu'il
avoit créé, n'eut que des vûes fort

bornées fur le Ballet qu'il n'avoit que défiguré. Il fut imité depuis par tous ceux qui travaillerent après lui pour le Théâtre Lyrique. Le propre des talens communs eft de fuivre fervilement à la pifte la marche des grands talens. Ainfi, après fa mort, on fit des Opéra coupés comme les fiens ; mais qui n'étoient animés ni des graces de fon ftile, ni des charmes du fen- timent qui étoit fa partie fublime, ni de ces traits brillans de Spectacle qu'il répandoit en efprit inventeur dans fes belles com- pofitions. On pouvoir l'atteindre plus aifément dans le Ballet où il étoit fort au-deffous de lui-mê- me ; ainfi on l'imita dans fa par- tie défectueufe, où on l'égala ; mais on ne fit que le copier dans fa partie fupérieure, où peut-être ne l'égalera-t-on jamais.

E vj

Telle fut la marche lente des progrès du Théâtre Lyrique jufqu'en l'année 1697. que la Motte, en créant un genre tout neuf, acquit l'avantage de fe faire copier à fon tour.

Ce Poëte, dont un de fes amis a dit, *que fa mort méme n'avoit rien fait pour fa gloire*, imagina un Spectacle de Chant & de Danfe formé de plufieurs actions différentes toutes complettes & fans autre liaifon entr'elles qu'un rapport vague & indéterminé.

L'Opéra imaginé par Quinault eft une grande action fuivie pendant le cours de cinq Actes. C'eft un tableau d'une compofition vafte, tels que ceux de Raphaël & de Michel-Ange. Le Spectacle trouvé par la Motte eft un compofé de plufieurs Actes différens qui repréfentent chacun une action mêlée de diveruſſemens, de chant & de danſe. Ce ſont de jolis *Vateau*, des mignatures piquantes, qui exigent toute la préciſion du deſſein, les graces du pinceau, & tout le brillant du coloris.

Ce genre, dans ſa nouveauté, balança le ſuccès du grand Opéra, parce que le goût eſt excluſif parmi nous, & que c'eſt un défaut ancien & national, dont, malgré les lumieres que nous acquérons tous les jours, nous avons bien de la peine à nous défaire. Cependant, à force de réfléxions & de complaiſance, on ſouffrit enfin, au Théâtre Lyrique, deux ſortes de plaiſir; mais ce genre trouvé par la Motte, dont on n'attribua le ſuccès, ſuivant l'uſage, qu'au Muſicien qu'il avoit inſtruit &, guidé, nous débarraſſa du mauvais genre que Quinault avoit introduit sous le titre de *Ballet*.

L'Europe Galante est le premier de nos Ouvrages Lyriques qui n'a point ressemblé aux Opéra de Quinault. Ce genre appartient tout-à-fait à la France. Les Grecs, les Romains n'eurent aucun Spectacle qui puisse en avoir donné l'idée. Peut-être quelques Fêtes épisodiques qui m'ont frappé dans Quinault l'ont-elles fournie à la Motte ; mais que ma conjecture soit vraie ou fausse, ce Spectacle n'en est pas moins une composition originale qui auroit dû combler de gloire le Poëte qui l'a imaginée. Ses contemporains ont été injustes. Il a vécu sans jouir. La Postérité le vengera sans doute, & déja l'envie qui se sert du mérite des morts, pour éclipser celui des vivans, a commencé de nos jours, la réputation de ce Poëte Philosophe.

Le Théâtre Lyrique qui lui doit le Ballet moderne, lui est redevable encore de deux genres aimables, qui pouvoient procurer à la Musique des moyens de se varier, & à la Danse des occasions heureuses de se développer, si ces deux Arts avoient fait alors en France des progrès proportionnés à ceux de tous les autres. Ce Poëte a porté à l'Opéra, la Pastorale & l'Allégorie *. Il est galant, tendre, original, dans les compositions qu'il n'a imaginées que d'après lui. Il peut marcher alors à côté de Quinault. L'Europe Galante, Issé, le Carnaval & la Folie ne font pas inférieurs aux meilleurs Opéra de ce beau génie ; mais il est froid, insipide, lan-

* Voyez Issé & le Carnaval & la Folie.

guissant dans tous ses autres ouvrages lyriques, & tel que ses ennemis l'ont cru, ou l'ont voulu
faire croire. Il y a des hommes
dans la Littérature, qui sont faits,
pour voler de leurs propres aîles;
& alors ils s'élevent jusques dans
le Ciel. Ils retombent, dès qu'ils
imitent. Ce ne sont plus même
des hommes; ils grimacent comme des singes.

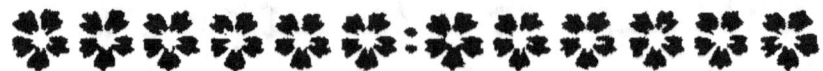

# LIVRE QUATRIÈME.

## CHAPITRE I.

### *Caractere que doit avoir la Danse Théâtrale.*

TOus les Arts en général, ont pour objet l'imitation de la nature. La Musique rend ses traits, par l'arrangement successif des sons; la Peinture, par le mêlange adroit des couleurs; la Poësie, par le feu varié du discours; la Danse, par une suite cadencée de gestes. C'est-là l'institution primitive. La Musique qui n'exprimeroit pas; la Peinture qui ne seroit qu'un vain assemblage de couleurs; la Poësie qui n'offriroit qu'un arrangement méchanique de mots ; la Danse de laquelle il ne résulteroit aucune image, ne pourroient être regardées, que comme des productions bizarres, sans art, sans vie, & de mauvais goût.

Ces principes sont incontestables, pour toute sorte de Musique, pour quelque Peinture que ce puisse être, pour toutes les especes de Poësie, pour tous les différens genres de Danse.

L'imitation constitue donc l'essence de chacun de ces Arts ; & la Danse en particulier, qui est, dès son origine, une expression naïve des sensations de l'homme, pécheroit, contre sa propre nature, si elle cessoit d'être une imitation.

Ainsi, toute Danse doit exprimer, peindre, retracer aux yeux quelque affection de l'ame. Sans cette condition, elle perd le caractere de son inftitution primitive. Elle n'eft plus qu'un abus de l'Art.

Mais ce que la Danfe doit toujours être devient encore d'une obligation plus étroite, lorfqu'elle eft portée au Théâtre, parce que la repréfentation fait le caractere effentiel & diftinctif de l'Art dramatique dont elle fait alors partie.

---

## CHAPITRE II.

*Divifion de la Danfe Théâtrale.*

Nous avons vû *, que le défaut d'action étoit le vice conftant du

* Dans le Ch. 4. du Liv. 6.

grand Ballet. Quinault, à qui rien n'échappoit, l'avoit apperçu, & en partant de cette expérience, il n'eut garde de laisser la Danse oisive, dans le plan ingénieux & raisonné de son Spectacle.

Je trouve, dans ses composi-tions, l'indication évidente de deux objets qu'il a cru que la Danse devoit y remplir; & ces objets sont tels, que la connois-sance de l'art & celle de la natu-re a pû seule les lui suggérer.

Dans les premiers tems, avant la naissance même des autres arts, la Danse fut une vive expression de joie. Tous les Peuples l'ont fait servir depuis, dans les réjouissan-ces publiques, à la démonstra-tion de leur allégresse. Cette joie se varie, prend des nuances dif-férentes, des couleurs, des tons divers suivant la nature des évé-

nemens , le caractere des Nations , la qualité , l'éducation ,
les mœurs des Peuples.

Voilà la Danse simple , & un
des objets de Quinault. Le Théâtre lui offroit mille occasions brillantes de la placer avec tous ses
avantages. Les Nations intéres-
sées aux différentes parties de son
action , les triomphes de ses Héros , les fêtes générales introduites
avec goût dans ses dénouemens ,
offroient alors les moyens fréquens de varier , d'embellir , de
peindre les mouvemens de joie
populaire , dont chacun des ins-
tans peut fournir à la Danse une
suite animée des plus grands tableaux.

Mais la Danse composée , celle
qui par elle-même forme une action suivie , la seule qui ne peut
être qu'au Théâtre , & qui entre

pour moitié dans le grand dessein de Quinault, fut un des pi-
vots sur lesquels il voulut faire
rouler une des parties essentielles
de son ensemble.

Tout ce qui est sans action est
indigne du Théâtre ; tout ce qui
n'est pas rélatif à l'action devient
un ornement sans goût, & sans
chaleur. Qui a sçu mieux que
Quinault, ces loix fondamenta-
les de l'Art dramatique ? Le combat des Soldats sortis du sein de
la Terre dans Cadmus, devoit
être, selon ses vûes, une action
de danse. Son idée n'a pas été suivie. Ce morceau qui auroit été
très - théâtral n'est qu'une situation froide & puérile. Dans l'enchantement d'Amadis par la fausse Oriane, il a été mieux entendu, & cette action épisodique
paroîtra toujours, lorsqu'elle sera

bien rendue, une des beautés piquantes du Theâtre Lyrique.

Le Théâtre comporte donc deux especes distinctives de Danse, la simple, & la composée ; & ces deux especes les rassemblent toutes. Il n'en est point, de quelque genre qu'elle puisse être, qui ne soit comprise dans l'une ou l'autre de ces deux dénominations. Il n'est donc point de Danse qui ne puisse être admise au Théâtre ; mais elle n'y sçauroit produire un agrément réel, qu'autant qu'on aura l'habileté de lui donner le caractere d'imitation qui lui est commun avec tous les beaux Arts, celui d'expression qui lui est particulier dans l'institution primitive, & celui de représentation qui constitue seul l'Art dramatique.

La régle est constante, parce qu'elle est puisée dans la nature,

que l'expérience de tous les siecles
la confirme, qu'en s'en écartant,
la Danse n'est plus qu'un ornement sans objet, qu'un vain éta-
lage de pas, qu'un froid composé
de figures sans esprit, sans goût
& sans vie.

En suivant, au surplus, cette
régle avec scrupule, on a la clef
de l'Art. Avec de l'imagination,
de l'étude & du discernement,
on peut se flatter de le porter
bientôt à son plus haut point de
gloire ; mais c'est sur-tout dans
les Opéra de Quinault qu'il auroit
pû atteindre rapidement à la plus
éminente perfection, parce que
ce Poëte n'en a point fait dans lequel il n'ait tracé, avec le crayon
du génie, des actions de Danse les
plus nobles, les mieux liées au
sujet, les moins difficiles à rendre. J'y vois par-tout le feu, le
pitoresque,

pittoresque, la fertilité des beaux cartons de Raphaël. Ne verrons-nous jamais de pinceau assez habile, pour en faire des tableaux dignes du Théâtre * ?

---

# CHAPITRE III.

## Obstacles au Progrès de la Danse.

LEs gens à talens forment, dans les Arts, des especes de Républi-

* Ce qu'on dit ici des Opéra de Qui-nault, au sujet de la Danse, est vrai à la lettre. Il n'est point d'ouvrage de cet es-prit créateur, dans lequel on ne voye, si l'on fait voir, l'indication marquée de plusieurs Ballets d'action très-ingénieux & tous liés au sujet principal. Il en est de même de la décoration & de la machine. Dans chacun de ses Opéra, on trouve des moyens de Spectacle, dont jusqu'ici il semble qu'on ne se soit point apper-çu, & qui seuls seroient capables de produire les plus grands effets.

ques différentes entr'elles par des usages particuliers, & toutes ressemblantes par un fanatisme d'indépendance, que des caprices successifs entretiennent, & que la raison n'est gueres capable de refroidir.

Ils n'ont point de loix écrites, de régles constantes, de principes fixes. Ils se gouvernent sur des traditions qu'ils croyent certaines. Ils suivent des pratiques que l'insuffisance a adoptées, & qu'ils imaginent la perfection de l'Art. Ils s'abandonnent à des routines qu'ils ont trouvées introduites, sans examiner, si elles sont utiles ou nuisibles.

Or, pour ne parler que de la Danse, du Théâtre, je trouve dans ces inconvéniens généraux de grands obstacles au progrès de l'Art, puisqu'il en résulte le

malheur certain de ne voir jamais
faire à nos Danseurs modernes,
que ce qui a été pratiqué par les
Danseurs qui les ont précédés, &
je crois avoir déja prouvé que la
Danse n'a fait jusqu'ici sur notre
Théâtre que la moindre partie de
ce qu'elle auroit dû faire.

Mais, pour sentir tout le danger des abus funestes à l'Art qui se
font glissés parmi nos Danseurs du
Théâtre ; pour leur faire connoître à eux-mêmes, la nécessité qu'il
y a de les réformer, pour engager
peut-être le Public à les y con-
traindre, je pense qu'il est nécessaire de les développer sans mé-
nagement. C'est le plaisir de la
multitude, c'est la gloire d'un Art
agréable, c'est l'honneur d'un
Spectacle national, que je solli-
cite. Ce sont les abus qui arrêtent
ses progrès, que je défére à la

ſagacité , au goût , au diſcerne-
ment des François.

1°. Toute action théâtrale eſt
antipatique aux Danſeurs modernes *, par la ſeule raiſon que les
actions de Danſe n'ont pas été
pratiquées par les grands Danſeurs , ou crus tels , dont ils rem-
pliſſent au Théâtre les emplois.
Comme ſi le vrai talent devoit ſe
donner lui-même des entraves ;
comme s'il n'étoit pas fait pour
s'élever toujours par ſon activité
au-deſſus des modéles qu'il s'eſt
choiſis.

---

* Cette antipathie eſt une maladie ancienne : elle tenoit les Danſeurs , dès
l'établiſſement de l'Opéra François. V. le
Pere *Ménétrier* , dans ſon Traité des Ballets. Une vanité mal entendue en eſt le
principe. Un Danſeur croit ne rien faire,
lorſqu'il exécute les figures qu'on lui demande. Il veut ſe deſſiner de caprice, &
réuſſir preſque toujours à faire de ſon entrée un contre-ſens.

2°. L'opinion commune * est que la Danse doit se réduire à un développement des belles proportions du corps, à une grande précision dans l'exécution des airs, à beaucoup de grace dans le déployement des bras, à une légereté extrême dans la formation des pas. Que penseroit-on d'un Graveur, qui, ayant assez de talent, pour rendre & multiplier à son gré les tableaux de Michel-Ange, du Corrége, de Vanlo, n'employeroit cependant son bu-

---

* Quelques Connoisseurs pensent le contraire. Le général des Spectateurs, tous les Danseurs subalternes, le peuple de l'Opéra n'ont de la Danse qu'ils appellent *noble* que cette idée que je rapporte. Aucun des Auteurs qui depuis Quinault ont travaillé pour le Théâtre Lyrique, sans excepter même la Motte, ne paroît avoir connu la Danse en action. Fuzelier est le seul qui dans ses Ballets ait tenté de l'introduire. On verra dans les suites s'il l'y a toujours bien placée.

rin , qu'à répéter méchanique-
ment un nombre borné de jolies
vignettes ou quelques *cul-de-lam-*
*pes* monotones ?

3°. Chacun des Danseurs se
croit un être à part & privilégié.
Il veut avoir le droit de paroître
seul deux fois, dans quelque Opéra qu'on mette au Théâtre. Il pen-
seroit n'avoir pas dansé , s'il n'a-
voit ses deux entrées particulieres.
Il les ajuste toujours à sa mode ,
& sans aucune relation directe ou
indirecte au plan général qu'il
ignore , & qu'il ne s'embarrasse
gueres de connoître. Or , ce seul
inconvénient , tant qu'on le lais-
sera subsister , sera un obstacle in-
vincible à la perfection. En voici
les preuves.

1°. Si le plan général de l'O-
péra est bien fait , comme le sont ,
par exemple , tous ceux de Qui-

nault, chacune des parties qui le composent est relative à l'action principale. Par conséquent pour qu'il soit bien exécuté, il faut que chaque Danse prise séparément s'y rapporte, & fasse ainsi, de maniere ou d'autre, partie de cette action. La Danse cependant, par l'abus dont je parle, deviendra, dans cet endroit, une partie oisive, & par cette seule raison défectueuse. Le plaisir résultant de l'action principale sera donc nécessairement moindre. La multitude peut-être applaudira-t-elle le Danseur ; parce qu'elle ne juge que par l'impression du moment. Il n'en aura pas moins fait cependant un contre-sens insupportable aux yeux du peu de Spectateurs qui connoissent le prix de l'ensemble.

2°. S'il y a huit Danseurs ou

Danseuses à l'Opéra , qui soient
en droit d'avoir chacun deux entrées particulieres ; il faut ( si l'on
veut remplir les loix primitives
de l'Art ) imaginer seize actions
séparées qui se lient ou se rappor-
tent à l'action principale , & sup-
poser encore , que ces huit sujets
se prêteront à les exécuter. Ces
deux conditions sont moralement
impossibles. Aussi trouve-t-on plus
court de laisser aller les choses ,
comme elles ont été ; moyennant
quoi, depuis plus de quatre-vingt
ans , on est encore , & l'on reste
au point d'où l'on est d'abord
parti.

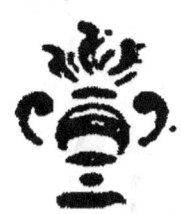

# CHAPITRE IV.

*État actuel de la Danse Théâtrale en France.*

LE personnage le plus recommandable de la Chine est celui qui sçait une plus grande quantité de mots. L'érudition de ce Païs n'effleure pas même les choses. Un Lettré passe sa vie, à mettre, à arranger dans sa tête un nombre immense de paroles isolées ; & les Sçavans de la Chine déclarent qu'il est sçavant. Je crois voir un homme qui ayant dans sa main la clef du Temple des Muses, consume ses jours & toute son adresse à la tourner & à la retourner sans cesse dans la serrure, sans oser jamais toucher au ressort. Tel est notre meilleur Danseur moderne.                    F v.

## CHAPITRE V.

*Préjugés contre la Danse en Action.*

LA Danse noble, la belle Danse
se perd, disoit-on à la Cour, & à
la Ville, lors même que nous
avions, au Théâtre de l'Opéra,
les meilleurs Danseurs qui y eus-
sent paru depuis son établissement. Quelle étoit donc la perte
dont on se plaignoit ? Qu'avoient
fait sur notre Théâtre, ces grands
Danseurs que l'on regrettoit tant?
Jusqu'à quel point avoient-ils
porté l'art de la Danse ?

Les uns marchoient des me-
nuets avec une noblesse qu'on a
beaucoup vantée ; les autres exécutoient quelques pas de Furies

avec une médiocre chaleur; nul n'étoit encore arrivé jufqu'à la perfection que nous avons admirée fi long-tems dans nos chaconnes. Qu'auroient été les Prevoft, les Subligni à côté de Mademoifelle Sallé? Quelle exécution, *du tems du feu Roi*, auroit pû être comparée à celle de Mademoifelle Camargo?

Ce difcours ridicule qu'on a tenu conftamment en France, depuis la mort de Lulli, en l'appliquant fucceffivement à toutes les parties de la vieille machine qu'il a bâtie, & qu'on répétera par habitude ou par malignité, de génération en génération, jufqu'à ce qu'elle fe foit entierement écroulée, n'eft qu'un préjugé du petit peuple de l'Opéra, qui s'eft gliffé dans le monde, & qui s'y maintient depuis plus de foixante ans, parce qu'on le trouve sous sa main, & qu'il dégrade d'autant les talens contemporains qu'on n'est jamais fâché de rabaisser.

Mais ce discours qu'on a tenu pendant vingt ans sur des sujets évidemment supérieurs à ceux qu'on exaltoit à leur préjudice, ce préjugé qui nous est démontré injuste aujourd'hui à tous égards, auroit cependant été funeste à l'Art, s'il avoit retenu les Dupré, les Sallé, les Camargo, dans les bornes étroites de la carriere qu'avoient parcourue leurs Prédécesseurs. Que nos talens modernes tirent eux-mêmes la conséquence nécessaire & sans replique, qui suit naturellement de ce raisonnement simple.

Il y a une très-grande différence entre la fatuité qui persuade un homme à talent qu'il surpaſſe, ou qu'il égale le modéle qu'il a devant les yeux, & la noble émulation qui lui fait eſpérer qu'il pourra l'égaler ou le ſurpaſſer un jour. Le premier ſentiment eſt un mouvement d'orgueil aveugle qui entraîne l'Artiſte dans le précipice : le ſecond eſt un amour vif pour la gloire qui l'éleve tôt ou tard au plus haut dégré.

Mais comment admettre au Théâtre*, comment croire agréable, comment ſuppoſer poſſible un genre de Danſe, que les grands Maîtres n'ont point pratiquée, qu'ils ont peut-être dédaignée, & qui ſans doute leur a paru, au moins, un obſtacle au dévelop-

*Cette objection eſt le grand fort des Danſeurs modernes. Je ne ſçaurois compter le nombre de fois qu'elle m'a été faite.

pement des graces, à la précision
des mouvemens, à la perfection
des figures ?

Voilà les forts argumens ou
plutôt les grands préjugés contre
la Danse en action. Il faut les
discuter avec ordre & l'un après
l'autre. Le propre de ces sortes
d'erreurs est de cacher la véritable route qu'on doit suivre. C'est
un faux jour qui change les objets, en leur prêtant des couleurs
qu'ils n'ont pas. Détruire un préjugé qui refroidit la chaleur des
Artistes, est un des plus utiles secours qu'on puisse prêter à l'Art.

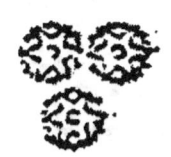

## CHAPITRE VI.

*Preuves de la possibilité de la Danse en action.*

LA parole n'est pas plus expressive que le geste. La Peinture qui retrace à nos yeux les images les plus fortes ou les plus riantes, ne les compose que des attitudes, du mouvement des bras, du jeu des traits du visage, qui sont les parties dont la Danse est composée comme elle.

Mais la Peinture n'a qu'un moment qu'elle puisse exprimer. La Danse théâtrale a tous les momens successifs qu'elle veut peindre. Sa marche va de tableaux en tableaux, auxquels le mouvement donne la vie. Il n'est qu'imité dans la Peinture. Il est toujours réel dans la Danse.

Elle agit toujours par sa nature. Il ne lui manque sur notre Théâtre que l'intention. Elle va à droite & à gauche : elle avance & recule: elle dessine des pas. Il ne faut que l'arrangement de ces mêmes choses, pour rendre aux yeux quelque action théâtrale que ce puisse être.

L'histoire de l'Art prouve que les Danseurs de génie n'ont eu que ce seul secours, pour exprimer toutes les passions humaines, & les possibilités sont dans tous les tems les mêmes.

En 1732. Mademoiselle Sallé représenta à Londres avec le plus grand succès deux actions dramatiques complettes, l'Ariane & le Pigmalion.

Il n'y a pas trente ans que feue

Madame la Duchesse du Maine fit composer des Symphonies * sur la Scêne du quatrieme Acte des Horaces, dans laquelle le jeune Horace tue Camille. Un Danseur & une Danseuse représenterent cette action à Sceaux ; & leur Danse la peignit avec toute la force & le pathétique dont elle est susceptible.

Nous voyons tous les jours le bas comique rendu avec naïveté par la Danse. L'Italie est en possession de ce genre ; & il n'est point d'action de cette espece qu'on ne peigne sur ses Théâtres d'une maniere, sinon parfaite, du moins satisfaisante. Or , ce ce que la Danse fait par-delà les monts dans le bas, ne sçauroit lui être impossible en France dans le noble ; puisqu'elle y est très-supé-

* Par Mouret.

rieure par le nombre des sujets &
par la qualité des talens.

On ne doit se défier ni de ses
forces, ni de l'Art, lorsqu'on a
l'ambition d'exceller. Ce que les
Romains ont vû faire à Pylade &
à Batyle peut encore être exécuté
par de jeunes gens exercés, qui
ont tous les mouvemens expressifs
& faciles. La Danse, sur notre
Théâtre, n'a plus besoin que de
guides, de bons principes, & d'u-
ne lumiere qui, comme le feu sa-
cré, ne s'éteigne jamais. Qu'on se
persuade que le siecle qui a produit, dans les Lettres, l'Esprit des
Loix, la Henriade, l'Histoire naturelle, & l'Encyclopédie, peut
aller aussi loin, dans les Arts, que
le siécle même d'Auguste.

## CHAPITRE VII.

### *Supériorité & avantages de la Danse en action.*

LA Danse en action a sur la Danse simple, la supériorité qu'a un beau tableau d'histoire sur des découpures de fleurs. Un arrangement méchanique fait tout le mérite de la seconde. Le génie ordonne, distribue, compose la premiere. Tout le monde peut faire des découpures, il n'y a nul mérite à les faire même supérieurement. On marche dans les sentiers difficiles qui conduisent au Temple de mémoire à côté des *Montesquieu*, lorsqu'on peint comme Vanlo.

Les avantages d'un genre sur

un autre font en proportion des moyens qu'il procure de dévelop-per le talent plus fréquemment & avec moins de difficulté.

Or, le talent fuppofé dans le Danfeur, la Danfe en action lui fournit autant de moyens d'ex-preffion qu'il y a de paffions dans l'homme. Autant de tableaux qu'il y a dans la nature de manieres d'être, autant d'occafions de les varier qu'il y a de façons diffé-rentes de fentir & d'exprimer.

Un grand Peintre a commen-cé par affurer fa main. L'Art du Deffein l'a réglée. Il a d'abord tracé quelque partie d'une figu-re, & fucceffivement allant d'é-tudes en études, de progrès en progrès, il a deffiné la figure en-tiere: C'eft la Danfe fimple.

Son imagination s'eft échauffée par les chef-d'œuvres qui l'ont frappée ; son talent s'est développé par l'étude constante de la nature. Il saisit alors le pinceau. Les grands hommes renaissent , les événemens mémorables se retracent ; les couleurs parlent, la toile respire. C'est la Danse en action.

Jeunes talens qui entrez dans la carriere du Théâtre ; étudiez la nature, approfondissez l'Art. Venez. Suivez la multitude qui court en foule dans le Salon du Louvre ; mais ne regardez pas comme elle , sans voir. Recueillez-vous : apprenez à peindre , ou ne prétendez à aucune sorte de gloire.

Vous vous arrêtez au premier pas ? Eh quoi ( dites-vous ) on a donc trouvé le secret de peindre l'esprit ! Je vois dans ces portraits le caractere , le sentiment, la vie. Dans l'arrangement pittoresque des traits du premier , je devine

que le souvenir de ce qu'il a entendu le console de ne plus en-
rendre. Je découvre des étincelles
de génie à travers l'aimable gaieté
qui me séduit dans le second. C'est
un Philosophe qui n'est sérieux
qu'avec ses livres. Il rit, joue, &
badine dans le monde avec les
hommes... Un flot nous entraîne.
Je vous suis.... Quelle attention !
Quel silence !

Vous admirez le Pinceau mâle,
qui met sous vos yeux la dispute
de Saint Augustin contre les Do-
natistes. L'expression qu'il répand
dans tous les traits de Saint Char-
les Borromée passe jusqu'au fond
de votre cœur. Tournez la tête :
parcourez ces quatre tableaux où
une allégorie fine & délicate vous
retrace les Arts libéraux. Que
pourroit produire de plus aimable la main même des Graces ?

Voilà les reſſources ſans nombre que les images fourniſſent au
véritable talent. Plus la Danſe,
comme la Peinture, embraſſera
d'objets ; & plus elle aura des
moyens fréquens de déployer les
belles proportions, de les mettre
dans des jours heureux, de leur
imprimer le ſeul mouvement qui
peut leur donner une ſorte de
vie.

On ne ſçauroit faire qu'un ſeul
tableau, de toutes les Danſes ſim-
ples qu'a exécutées, pendant vingt
ans, le meilleur Danſeur moderne. Voyez que de jolis *Teniers*
naiſſent chaque jour ſous la main
légere de *Deheſſe*.

# CHAPITRE VIII.

## Ressource unique des Danseurs modernes.

UN Maître Ecrivain est un Expert qui enseigne à faire des lettres. Un Maître à danser est un Artiste qui montre à faire des pas. Le premier n'est pas plus éloigné de ce que nous appellons dans la Littérature, un *Ecrivain*, que le second l'est de ce qui peut mériter au Théâtre le nom de Danseur.

Outre les élémens de son Art, il faut au Danseur, comme à l'*Ecrivain*, un stile dont ils sont la matiere premiere ; & ce stile est plus ou moins estimable, selon qu'il rend, qu'il exprime, qu'il peint avec élégance, une plus grande

grande quantité de choses estima-
bles, agréables, utiles.

Si j'étois donc chargé de la
conduite d'un jeune Danseur en
qui j'aurois apperçu de l'intelli-
gence, quelque amour pour la
gloire, & un véritable talent, je
lui dirois ; *Commencez par avoir
un stile ; mais prenez garde que ce
stile soit à vous. Soyez original, si
vous aspirez à être un jour quelque
chose. Sans cette premiere condition,
soyez sûr de n'être jamais rien.*

Je passerois de cette premiere
vérité à une seconde. *L'Art de la
Danse simple,* lui dirois-je, *a été
poussé de nos jours aussi loin qu'il
soit possible de le porter. Nul homme ne s'est mieux dessiné encore que
Dupré ; nul ne fera les pas avec
plus d'élégance ; nul n'ajustera ses
attitudes avec plus de noblesse. N'espérez pas de surpasser les graces de*

Tome III.                          G

Mademoiselle Sallé. Vous vous flattez, si vous croyez arriver jamais à une gaieté plus franche, à une précision plus naturelle, que celles qui brilloient dans la Danse de Mademoiselle Camargo. Il semble que ces trois sujets ayent épuisé ces sortes de ressources de l'Art ; mais, par bonheur, la Danse en action vous reste. C'est un champ vaste, encore en friche : osez le cultiver. Vous trouverez d'abord quelques épines : ne vous rebutez pas : opiniâtrez-vous. La moisson la plus abondante ne tardera pas à vous dédommager de vos peines. Connoissez votre siécle : il aime les Arts. Tout ce qu'ils tentent pour lui plaire, est sûr d'être accueilli : tout ce qui a l'avantage d'y réussir, est sûr de la gloire ; & il est rare qu'un Artiste qu'il couronne ait long-tems à se plaindre de la fortune.

# CHAPITRE IX.

## *Des Actions convenables à la Danse Théâtrale.*

LE Théâtre Lyrique est en possession de plusieurs actions tragiques, de quelques sujets comiques, de la Pastorale, de la Magie, de la Féerie, du merveilleux de la Fable, & depuis quelque tems de la Farce de de-là les monts.

Chacune de ces actions a des beautés ou des agrémens qui lui sont particuliers, & le charme qui en résulte dépend de la maniere seule de les traiter.

Or le geste peut peindre avec grace tout ce que la voix peut exprimer. Toutes les actions dont le Théâtre Lyrique est en possession

G ij

peuvent donc être convenables à la Danse.

Pylade & Batyle ont rendu autrefois sur leurs Théâtres la Tragédie & la Comédie : tous les genres trouvés depuis ne sont que des branches de ces deux tiges principales.

Rome, pour s'associer en quelque sorte à la gloire de ces deux hommes célébres, honora leur Danse d'une dénomination nationale *. Lorsqu'il s'élévera parmi nous quelque grand talent assez instruit des possibilités de l'Art, pour se les rendre propres, sa place, n'en doutons point, lui sera marquée dans l'histoire des Artistes fameux, à côté des Pylades & des Batyles ; & sa Danse digne seule de ce nom sera desormais appellée *la Danse Françoise*.

* Elle fut appellée Danse *Italique*.

# CHAPITRE X.

*Des Actions principales en Danse.*

NOTRE Tragédie & notre Comédie ont une étendue & une durée qui sont soutenues par les charmes du discours, par la finesse des détails, par la variété des saillies de l'esprit. L'action se divise en Actes : chaque Acte est partagé en Scènes : les Scènes amenent successivement les situations : les situations, à leur tour, entretiennent la chaleur, forment le nœud, conduisent au dénouement, & le préparent.

Telles doivent être, mais avec plus de précision encore, les Tragédies & les Comédies en Danse : je dis, avec plus de précision, parce que le geste est plus précis que le discours. Il faut plusieurs mots, pour exprimer une pensée : un seul mouvement peut peindre plusieurs pensées, & quelquefois la plus forte situation. Il faut donc que l'action théâtrale marche toujours avec la plus grande rapidité, qu'il n'y ait point d'entrée, de figure, de pas inutile. Une bonne Piéce de Théâtre en Danse doit être un Extrait serré d'une excellente Piéce Dramatique écrite.

La Danse, comme la Peinture, ne retrace à nos yeux que les situations ; & toute situation véritablement théâtrale n'est autre chose qu'un tableau vivant.

S'il arrive donc un jour, que quelque Danseur de génie entreprenne de représenter sur notre Théâtre Lyrique une grande action, qu'il commence par en extraire toutes les situations propres à fournir des tableaux à la Peinture. Il n'y a que ces parties qui doivent entrer dans son dessein : toutes les autres sont défectueuses ou inutiles : elles ne feroient que l'embarasser, le rendre confus, froid, & de mauvais goût.

Si ces situations sont en grand nombre, si elles se succédent naturellement, si leur enchaînement les conduit avec rapidité à une derniere, qui dénoue facilement & fortement l'action ; le choix est sûr. A ces marques infaillibles de l'effet théâtral, on ne sçauroit se méprendre.

Mais dans l'exécution, on ne doit point s'écarter de cet objet unique. Ce ne sont que des tableaux successifs qu'on a à peindre, & qu'il faut animer de toute l'expreſſion , qui peut réſulter des mouvemens paſſionnés de la Danſe.

C'étoit-là ſans doute le grand ſecret de Pylade ; & peut-être eſt-il , pour tous les genres , la bouſſole la plus ſûre de l'Art du Théâtre.

## CHAPITRE XI.

### *Des Actions Epiſodiques en Danſe.*

L'ENCHANTEMENT de la fauſſe Oriane dans l'Opéra d'Amadis eſt une action de Danſe épiſodique. Elle forme par elle-même une action complette ; mais le ſujet principal auquel elle eſt liée , & dont elle devient une partie par l'Art du Poëte , pouvoit abſolument

fubfifter fans elle. C'eft un moyen
ingénieux que Quinault a trouvé
pour nouer fon intrigue. Il auroit
pû lui en fubftituer un autre,
fans nuire à la marche théâtrale ;
& on nomme *épifodiques* toutes
les actions de cette efpéce.

Il n'y a point d'Opéra de Quinault qui ne puiffe fournir à la
Danfe, un grand nombre de ces
actions, toutes nobles, théâtrales, fufceptibles de la plus aimable expreffion, & toutes capables
par conféquent de réchauffer l'é-
xécution générale, dont l'expérience a démontré la foibleffe
primitive.

La Mothe n'a connu que la
Danfe fimple. Il l'a variée dans
fes Opéra, en lui donnant quelques caractères nationaux ; mais
elle y eft amenée, fans aucune
action néceffaire. Ce ne font pas

tout que des divertiſſemens dans
leſquels on ne danſe que pour
danſer. Les habits ſont différens.
L'intention eſt toujours la même.

Mademoiſelle Sallé cependant
qui raiſonnoit tout ce qu'elle
avoit à faire , avoit eu l'adreſſe
de placer une action épiſodique
fort ingénieuſe dans la paſſacaille
de l'Europe Galante.

Cette Danſeuſe paroiſſoit au
milieu de ſes Rivales , avec les
graces & les déſirs d'une jeune
Odaliſque qui a des deſſeins ſur
le cœur de ſon Maître. Sa Danſe
étoit formée de toutes les jolies
attitudes qui peuvent peindre une
pareille paſſion. Elle l'animoit par
dégrés : on liſoit, dans ſes expreſ-
ſions, une ſuite de ſentimens : on
la voyoit flottante tour-à-tour entre la crainte & l'eſpérance ; mais,
au moment où le Sultan donne le

mouchoir à la Sultane Favorite, son visage, ses regards, tout son maintien prenoient rapidement une forme nouvelle. Elle s'arrachoit du Théâtre avec cette espece de désespoir des ames vives & tendres, qui ne s'exprime que par un excès d'accablement.

Ce tableau plein d'art & de passion étoit d'autant plus estimable, qu'il étoit entiérement de l'invention de la Danseuse. Elle avoit embelli le dessein du Poëte, & dès-lors, elle avoit franchi le rang où sont placés les simples Artistes, pour s'élever jusqu'à la classe rare des talens créateurs.

Je sçais que nos Danseurs ont sur ce point une excuse qui paroît plausible. Les occasions semblent leur manquer dans la plûpart de nos Opéra ; mais, lorsqu'on a de l'imagination, & une noble envie

G vj

de fortir des routes communes ; les difficultés s'applaniffent , & les moyens fe multiplient. On fupplée , avec du talent, du goût, & de l'efprit , aux lacunes d'un ouvrage. Un Danfeur, un Maître des Ballets qui ont des idées , fça- vent toujours faire naître les oc- cafions de les bien placer : auffi eft-ce moins à eux qu'aux jeunes Poëtes qui voudront tenter à l'a- venir la carriere du Théâtre Lyri- que , que j'ofe addreffer le peu de mots que je vais écrire.

Dans un Opéra , genre foible- ment eftimé , fort peu connu , & de tous les genres de Poëfie Dra- matique , le plus difficile , les plus petites parties , ainfi que les plus grandes , doivent être dans un mouvement continu.

On eft dans l'habitude de ne regarder la Danfe au Théâtre Ly-

rique, que comme un agrément
isolé. Il est cependant indispensable, qu'elle y soit toujours intimement liée à l'action principale,
qu'elle n'y fasse qu'un seul tout
avec elle, qu'elle s'y enchaîne
avec l'exposition, le nœud & le
dénouement.

. Si, jusqu'au dernier divertissement, qui seul peut n'être qu'u-
ne Fête générale, il y a une entrée de Danse, qu'on puisse en
ôter sans nuire à l'économie to-
tale, elle péche dès-lors contre
les premieres loix du dessein.

. Si quelqu'un des divertissemens
n'est pas formé de tableaux d'action relatifs à l'action principale
& vraiment nécessaires à sa marche, il n'est plus qu'un agrément
déplacé contraire aux principes
fondamentaux de l'Art du Théâtre.

Si quelque Danſeur entre ou ſort ſans néceſſité, ſi les Chœurs de Danſe occupent la Scêne ou la quittent, ſans que l'action qu'on repréſente l'exige, tous leurs mouvemens, quelque bien ordonnés qu'ils ſoient d'ailleurs, ne ſont que des contreſens que la raiſon reprouve, & qui décélent le mauvais goût.

Ainſi dans un Opéra, quelque brillante en ſoi que puiſſe être une Danſe inutile, elle doit toujours être regardée comme ces froids récits des Tragédies, où l'Acteur ſemble diſparoître pour ne laiſſer voir que l'Auteur.

Tel eſt toutefois l'attrait de la Danſe en action, que nous l'avons vûe, il n'y a pas long-tems, charmer la Cour & la Ville, quoiqu'elle fut évidemment déplacée.

Dans l'Acte des Jeux Olympiques des Fêtes Grecques & Romaines *, lorsque l'action commence, les Jeux sont finis. Alcibiade ne paroît, qu'après avoir remporté le prix qu'Aspasie est chargée de lui donner.** Un combat de Lutteurs faisant partie des Jeux Olympiques déja terminés, est cependant alors l'action de Danse qu'on représente par un déplacement inconcevable.

* Quelqu'utile que cette critique puisse être à l'Art, je ne me la serois point permise, si le Poëte qui a composé cet ouvrage étoit encore vivant. Le pas des Lutteurs est certainement fort agréable; mais je doute qu'il y en ait jamais eu aucun aussi lourdement déplacé. On verra bientôt que ce n'est pas le seul défaut de cette *Entrée.*

** Et ce prix étoit celui de la Lutte. C'est l'exercice auquel Alcibiade s'étoit livré avec le plus d'ardeur. Qu'il y fut ou vainqueur ou vaincu, dit Plutarque, il avoit toujours l'adresse de persuader aux Juges & au Peuple, que le prix ne devoit être donné qu'à lui.

Qu'il soit permis de le dire ; le charme du moment a prévalu cette fois sur la justesse ordinaire des Spectateurs ; & tout Paris n'a applaudi dans cette occasion, qu'un contresens que la réflexion démontre parfaitement absurde*. Tant il est vrai que la Danse en action cause une émotion si vive,

---

* Dans la Scène troisieme, dès qu'Alcibiade paroît sur le Théâtre, Amintas lui dit :

> Dans vos yeux satisfaits on lit votre
> victoire :
> Vous avez de *nos Jeux* remporté *tout*
> l'honneur.

Les Jeux sont donc tout-à-fait terminés. L'Acte roule en effet sur ce point qui y est par-tout très-bien établi.

Ce divertissement composé des Athlétes qui avoient disputé le prix de la lutte, du ceste, de la course, devoit donc se réduire à des hommages de caractere au Vainqueur. Il ne pouvoit plus être question de combattre pour le prix, puisqu'il étoit remporté.

lorſqu'elle eſt habilement exécu-
tée , que le Spectateur le plus
éclairé n'eſt plus en état d'examiner , & ne peut s'occuper que du
plaiſir de ſentir.

---

# CHAPITRE XII.

## *Régles générales à obſerver dans les actions de Danſe.*

TOUTE Repréſentation théâtrale doit avoir trois parties eſſen-
tielles.

Par un Dialogue vif , ou par
quelque événement adroitement
amené, on fait connoître au Spectateur le ſujet qu'on va retracer à
ſes yeux , le caractere , la qualité,
les mœurs des perſonnages qu'on
va faire agir : c'eſt ce qu'on a
nommé , *l'Expoſition.*

Des circonſtances , des obſtac-
les qui naiſſent du fond du ſujet,

l'embrouillent & suspendent la marche, sans l'arrêter. Il se forme une sorte d'embarras dans le jeu des personnages qui intrigue la curiosité du Spectateur, à qui la maniere dont on pourra le débrouiller est inconnue : c'est cet embarras qu'on appelle *le nœud.*

De cet embarras, on voit successivement sortir des clartés qu'on n'attendoit point. Elles développent l'action, & la conduisent par des dégrés insensibles à une conclusion ingénieuse : c'est ce qu'on nomme *le dénouement.*

Si quelqu'une de ces trois parties est défectueuse, l'action théâtrale est imparfaite. Si elles sont toutes les trois dans les proportions convenables, l'action est complette, & le charme de la représentation infaillible.

La Danse théâtrale, dès-lors qu'elle est une représentation, doit donc être formée de ces trois parties qui seules la constituent. Ainsi, elle sera, plus ou moins parfaite, selon que son exposition sera plus ou moins précise, son nœud plus ou moins ingénieux, son dénouement plus ou moins bien amené.

Cette division n'est pas la seule qu'il faut connoître & pratiquer. Un Ouvrage dramatique est composé de cinq Actes, de trois ou d'un seul; & un Acte est composé de Scênes en dialogue ou en monologue. Or, chaque Acte, chaque Scêne doit avoir son exposition, son nœud & son dénouement, tout comme l'action entiere dont ils sont les parties.

Il en est ainsi de toute représentation en Danse. Les trois parties dont on parle, sont, le commencement, le milieu & la fin, qui constituent tout ce qui est ac-

tion. Sans leur réunion , il n'en
eſt point de parfaite. Le vice ou
le défaut de l'une ſe répand ſur
les autres. La chaîne eſt rompue ,
& le tableau , quelque beauté
qu'il ait d'ailleurs , eſt ſans aucun mérite théâtral.

Il y avoit donc, dans le pas des
Lutteurs des Fêtes Grecques &
Romaines que le Public a ſi conſ-
tamment applaudi , une faute de
compoſition bien importante ,
puiſqu'il étoit ſans dénouement.
Les deux Athlétes , en ſe défiant
expoſoient très-bien le ſujet : leur
combat formoit le nœud de cette
belle action ; mais comment ſe
dénouoit-elle ? quelle en étoit la
fin ? lequel des deux combattans
étoit le vainqueur ou le vaincu ?

Je fais cette critique ſans craindre de rabaiſſer le Maître * des
Ballets qui a compoſé cette En-

* M. de Lami.

trée ; on peut relever les diftrac-
tions des talens fupérieurs, fans
craindre de les bleffer, ni de leur
nuire. J'ai choifi d'ailleurs, de
propos délibéré, cette action de
Danfe, que fon fuccès doit avoir
gravée dans le fouvenir du Public,
& dans l'efprit de nos jeunes Danfeurs, afin de donner plus de
poids, par un exemple frappant,
à une régle qui ne fçauroit être
trop fcrupuleufement obfervée.

Outre les loix du Théâtre qui
deviennent communes à la Danfe, dès qu'elle y eft portée, elle y
eft affujettie encore à des régles
particulieres qui dérivent des
principes primitifs de l'Art.

La Danfe doit peindre par les
geftes. Il n'eft donc rien de ce qui
feroit rejetté par un Peintre de
bon goût, qu'elle puiffe admettre ; & par la raifon des contrai-
res, tout ce qui feroit choifi par

ce même Peintre, doit être ſaiſi, diſtribué, placé dans un Ballet en action.

Voici ſur ce point une régle auſſi ſûre que ſimple. *Il faut que la nature ſoit en tout le guide de l'Art*, & que l'Art cherche *en tout à imiter la nature.*

Au ſurplus, c'eſt toujours au talent ſeul qu'il appartient de finir dans la pratique ce que les préceptes de la théorie ne peuvent qu'ébaucher.

*Copies* monotones des froides *Copies* qui vous ont précédé, ſujets communs qui n'êtes qu'un compoſé méchanique & ſans ame de pieds, de jambes, & de bras, je n'ai point écrit pour vous. On peut faire tout ce que vous avez fait, & tout ce que vous pouvez faire, ſans avoir beſoin de ſçavoir lire. Continuez de vous deſſiner d'après des modeles que vous n'atteindrez jamais. Croyez toute votre vie aussi opiniâtrement qu'un Dervis Turc, qu'une piroüete bien soutenue est le chef-d'œuvre de l'Art. Vous remplissez votre vocation ; je vous en loüe.

Mais vous que la nature a comblé de ses dons, jeunesse vive & brillante qui êtes l'ornement du Théâtre, l'amour du Public, & l'espoir de l'Art, ouvrez les yeux, & lisez. Apprenez ce que le grand talent peut produire. Sçaviez-vous que *Pylade* eut existé? Vous avoit-on parlé de *Tymele* & d'*Empase* ?

On ne vous a montré jusqu'ici que d'anciennes rubriques, de vieilles routines qui ne sont pas dignes de vous. Un champ plus vaste & moins stérile s'offre aujourd'hui à vos regards. Osez-y suivre la route que le goût vous indique. Ecoutez la voix de la gloire qui vous appelle. La car-

riere eſt ouverte : courez au bu-
que l'Art vous propoſe. Conſidé-
rez le prix ineſtimable qui vous
attend.

Annobliſſez vos travaux. Etu-
diez les paſſions, connoiſſez leurs
effets, les métamorphoſes qu'elles
opérent dans les caracteres , les
impreſſions qu'elles font ſur les
traits , les mouvemens extérieurs
qu'elles excitent.

Habituez votre ame à ſentir ,
vos geſtes feront bientôt d'accord
avec elle pour exprimer. Péné-
trez-vous alors , juſqu'à l'enthou-
ſiaſme , du ſujet que vous aurez à
repréſenter. Votre imagination
échauffée vous en retracera les
différentes ſituations par des tableaux de feu. Deſſinez - vous ;
deſſinez-les , d'après elle : on peut
vous répondre d'avance , qu'ils
feront une imitation de la belle
nature. . . F I N.

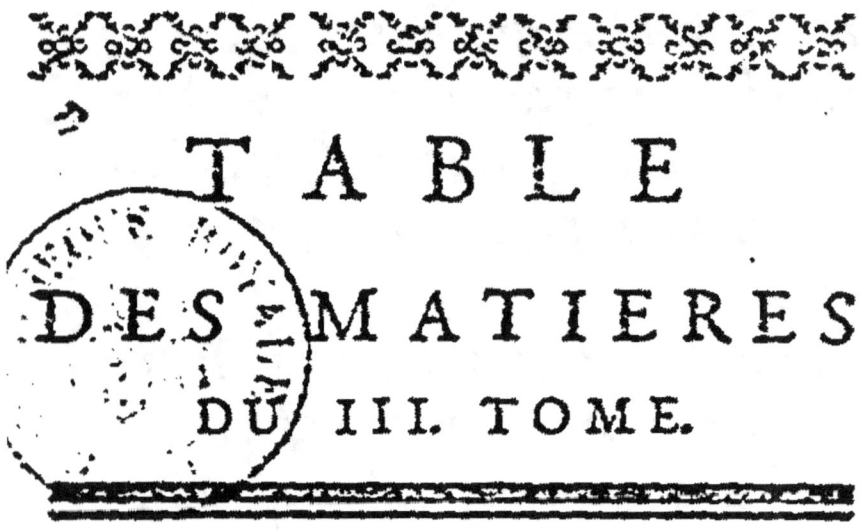

# TABLE
# DES MATIERES
## DU III. TOME.

### A.

*Tome III.*       H

# TABLE

# TABLE

## D.

# TABLE.

## E.

## F.

# DES MATIERES.

# TABLE

## I.

## L.

## M

## N.

## O.

# DES MATIERES.

# TABLE

---

# ERRATA
## Du Tome troisième.

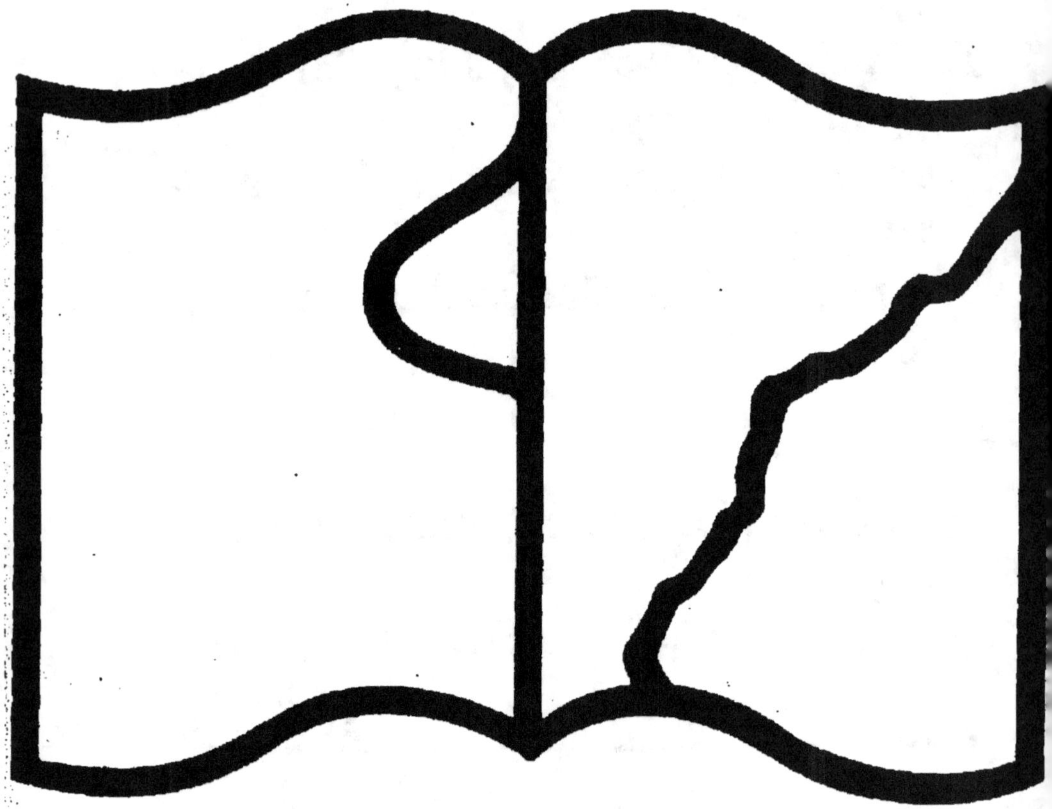